水上运动竞赛

《"四特"教育系列丛书》编委会 编

吉林出版集团股份有限公司
全国百佳图书出版单位

图书在版编目（CIP）数据

水上运动竞赛 .1 ／《"四特"教育系列丛书》编委会编 .
—长春：吉林出版集团股份有限公司，2012.4
（"四特"教育系列丛书／庄文中等主编 . 学校体育竞
赛与智力游戏活动策划）
ISBN 978-7-5463-8617-1

I. ①水… II. ①四… III. ①水上运动－运动竞赛－青年
读物②水上运动－运动竞赛－少年读物 IV. ① G861.073-49

中国版本图书馆 CIP 数据核字（2012）第 041985 号

水上运动竞赛
SHUISHANG YUNDONG JINGSAI

出 版 人	吴　强	
责任编辑	朱子玉　杨　帆	
开　　本	690mm×960mm　1/16	
字　　数	250 千字	
印　　张	13	
版　　次	2012 年 4 月第 1 版	
印　　次	2023 年 2 月第 3 次印刷	

出　　版	吉林出版集团股份有限公司
发　　行	吉林音像出版社有限责任公司
地　　址	长春市南关区福祉大路 5788 号
电　　话	0431-81629667
印　　刷	三河市燕春印务有限公司

ISBN 978-7-5463-8617-1　　　　　定价：39.80 元

前　言

　　学校教育是个人一生中所受教育的最重要组成部分，个人在学校里接受计划性的指导，系统地学习文化知识、社会规范、道德准则和价值观念。学校教育从某种意义上讲，决定着个人社会化的水平和性质，是个体社会化的重要基地。知识经济时代要求社会尊师重教，学校教育越来越受重视，在社会中起到举足轻重的作用。

　　"四特教育系列丛书"以"特定对象、特别对待、特殊方法、特例分析"为宗旨，立足学校教育与管理，理论结合实践，集多位教育界专家、学者及一线校长、教师的教育成果与经验于一体，围绕困扰学校、领导、教师、学生的教育难题，集思广益，多方借鉴，力求全面彻底解决。

　　本辑为"四特教育系列丛书"之《学校体育竞赛与智力游戏活动策划》。

　　学校体育运动会是学校教育教学工作的一个重要组成部分，是体育活动中的一个重要内容。它不仅可以增强学生的体质，同时，也可以增强自身的意志和毅力，并在思想品质的教育上，发挥不可替代的作用。学校通过举办体育运动会，对推动学校体育的开展，检查学校的体育教学工作，提高体育教学、体育锻炼与课余体育训练质量和进行学校精神文明建设等都具有重要的意义。本书旨在普及体育运动的知识，充分调动广大青少年学生参与体育活动的积极性，内容包括学校体育运动会各个单项的竞赛与裁判知识等内容，具有很强的系统性、实用性、实践性和指导性，将智力和游戏结合起来，通过游戏活动达到大脑锻炼的目的，是恢复疲劳、增强脑力、重塑脑功能结构的主要方式，是智力培养的重要措施。

　　青少年的大脑正处于发育阶段，具有很强的塑造性，通过智力游戏活动，能够培养和开发大脑的智能。特别是广大青少年都具有巨大的学习压力，智力游戏活动则能够使他们在轻松愉快的情况下，既能完成繁重的学业任务，又能提高智商和情商水平，可以说是真正的素质教育。为了使广大青少年在玩中学习，在乐中提高，我们根据青少年的生理、心理特点，特别编写这套书。我们采用做游戏、讲故事等方法，让广大青少年思考问题，解决难题，并在玩乐的过程中，循序渐进地提高智商和开发智力，达到学习与娱乐双丰收的效果。

　　本辑共 20 分册，具体内容有以下几个方面。

　　1.《团体球类运动竞赛》

　　学校体育运动的目的是调动学生活动的兴趣，提高学生参加体育运动和各种活动的积极性和参与率，让学生在运动中才能体会到参与的快乐。本书就学校团体球类运动的竞赛与裁判问题进行了系统而深入的阐述，使学生掌握组织团体球类竞赛的方法体例科学，内容全面，具有很强的系统性、实用性、实践性和指导性。

　　2.《小型球类运动竞赛》

　　学校体育运动的目的是调动学生活动的兴趣，提高学生参加体育运动和各种活动的积极性和参与率，让学生在运动中才能体会到参与的快乐。小型球类运动竞赛包括排球、羽毛球和乒乓球等比赛。本书就学校个人球类运动的竞赛与裁判问题进行了系统而深入的阐述，体例科学，内容全面，具有很强的系统性、实用性、实践性和指导性。

3.《跑走跨类田径竞赛》

学校体育运动的目的是调动学生活动的兴趣，提高学生参加体育运动和各种活动的积极性和参与率，让学生在运动中才能体会到参与的快乐。跑走跨类田径竞赛包括长短跑、跨栏跑和竞走等项目比赛。本书就学校跑走跨类田径运动的竞赛与裁判问题进行了系统而深入的阐述，体例科学，内容全面，具有很强的系统性、实用性、实践性和指导性。

4.《跳跃投掷类田径竞赛》

长期以来，在技术较为复杂的非周期性田径项目的教学中，一般都采用以分解为主的教学法。这种教学法，教学手段烦琐，教学过程复杂，容易产生技术的割裂和停顿现象，特别是与现代跳跃和投掷技术的快速和连贯性有着明显的矛盾。因此，它对当前进一步提高教学质量产生十分不利的影响。本书就学校跳跃投掷类田径运动的竞赛与裁判问题进行了系统而深入的阐述，体例科学，内容全面，具有很强的系统性、实用性、实践性和指导性。

5.《体操运动竞赛》

竞技性体操包括竞技体操、艺术体操、健美操、技巧、蹦床五项运动。其中，竞技体操男子项目有自由体操、鞍马、吊环、跳马、双杠、单杠六项，女子项目有跳马、高低杠、平衡木、自由体操四项。本书就学校竞技体操运动的竞赛与裁判问题进行了系统而深入的阐述，体例科学，内容全面，具有很强的系统性、实用性、实践性和指导性。

6.《趣味球类竞赛》

学校体育运动的目的是调动学生活动的兴趣，提高学生参加体育运动和各种活动的积极性和参与率，让学生在运动中才能体会到参与的快乐。本书就学校趣味球类竞赛项目运动的竞赛与裁判问题进行了系统而深入的阐述，体例科学，内容全面，具有很强的系统性、实用性、实践性和指导性。

7.《水上运动竞赛》

水上运动包含五个项目：游泳、帆船、赛艇、皮划艇、水球。本书就学校水上运动的竞赛与裁判问题进行了系统而深入的阐述，体例科学，内容全面，具有很强的系统性、实用性、实践性和指导性。

8.《室内外运动竞赛》

室内运动栏目包括瑜伽、拉丁、肚皮舞、普拉提、健美操、踏板操、舍宾、跆拳道等，户外运动栏目包括攀岩登山、动感单车、潜水游泳、球类运动等。本书就学校室内外运动的竞赛与裁判问题进行了系统而深入的阐述，体例科学，内容全面，具有很强的系统性、实用性、实践性和指导性。

9.《冰雪运动竞赛》

冰雪运动主要包括冬季运动和轮滑运动训练、竞赛、医疗、科研、教学、健身、运动器材、冰雪旅游等。本书就学校冰雪运动的竞赛与裁判问题进行了系统而深入的阐述，体例科学，内容全面，具有很强的系统性、实用性、实践性和指导性。

10.《趣味运动竞赛》

趣味运动，是民间游戏的全新演绎，是集思广益的智慧创造，它的样式不同，内容各异。趣味运动会将"趣味"融于"团队"中，注重个人的奉献与集体的协作。随着中国经济文化的迅速发展，人们精神文化生活的丰富，趣味体育也有了更广阔的发展，成为一种新的时尚。本书就学校趣味运动的竞赛与裁判问题进行了系统而深入的阐述，体例科学，内容全面，具有很强的系统性、实用性、实践性和指导性。

11.《锻炼学生观察力的智力游戏策划》

发展观察力的游戏有"目测""寻找""发现"等。这些游戏可帮助学生加强观察的目的性、计划性，扩大观察范围，使孩子能更多、更清楚地感知事物。本书对锻炼学生观察力的智力游戏项目策划进行了系统而深入的阐述，体例科学，内容全面，具有很强的系统性、实用性、实践性和指导性。

12.《锻炼学生注意力的智力游戏策划》

注意力是儿童普遍存在的问题。他们在听课、做作业、看书、活动等事情上，往往不能集中注意力，也没有耐性。在人们的生活、学习和工作过程中，注意力起着非常重要的作用。有位教育专家说：注意力是学习的窗口，没有它，知识的阳光就照射不进来。本书对锻炼学生注意力的智力游戏项目策划进行了系统而深入的阐述，体例科学，内容全面，具有很强的系统性、实用性、实践性和指导性。

13.《锻炼学生记忆力的智力游戏策划》

记忆力游戏是一种主要依赖于个人记忆力来完成的单人或团体游戏。这类游戏的形式无论是现实或网络中都是非常多的，能否胜出本质上取决于个人的记忆力强弱，这也是一种心理学游戏。本书对锻炼学生记忆力的智力游戏项目策划进行了系统而深入的阐述，体例科学，内容全面，具有很强的系统性、实用性、实践性和指导性。

14.《锻炼学生思维力的智力游戏策划》

这是一本不可思议的挑战人类思维的奇书，全世界聪明人都在做。在这本书里，你会找到极其复杂的，也是非常简单的推理问题，让人迷惑不解的图形难题，需要横向思维的难题和由词语、数字组成的纵横字谜，以及大量的包含图片、词语或数字，或者三者兼有的难题，令你绞尽脑汁，晕头转向！现在，你需要的是一支铅笔和一个安静的角落，请尽情享受解题的乐趣吧！

15.《锻炼学生想象力的智力游戏策划》

学校的智力游戏活动主要是锻炼学生认识、理解客观事物并运用知识、经验等解决问题的能力，它是直接为学生提高学习能力而服务的，也是学生学习知识的实践运用，它不仅具有趣味性，更具有娱乐性。本书对锻炼学生想象力的智力游戏项目策划进行了系统而深入的阐述，体例科学，内容全面，具有很强的系统性、实用性、实践性和指导性。

16.《锻炼学生表达力的智力游戏策划》

语言表达能力是现代人才必备的基本素质之一。在现代社会，由于经济的迅猛发展，人们之间的交往日益频繁，语言表达能力的重要性也日益凸显，好口才越来越被认为是现代人所应具有的必备能力。本书从大量的益智游戏中精选了一些能提高青少年记忆力的思维游戏，为广大读者提供一个检视自身思维结构、全面解码知识、融通知识、锻炼思维的自我训练平台。

17.《锻炼学生学习力的智力游戏策划》

学校的智力游戏活动主要是锻炼学生认识、理解客观事物并运用知识、经验等解决问题的能力，它是直接为学生提高学习能力而服务的，也是学生学习知识的实践运用，它不仅具有趣味性，更具有娱乐性。本书对锻炼学生学习力的智力游戏项目策划进行了系统而深入的阐述，在游戏中培养孩子的学习能力。体例科学，内容全面，具有很强的系统性、实用性、实践性和指导性。

18.《锻炼学生空间力的智力游戏策划》

学校的智力游戏活动主要是锻炼学生认识、理解客观事物并运用知识、经验等解决问题的能力，它是直接为学生提高学习能力而服务的，也是学生学习知识的实践运用，它不仅具有趣味性，更具有娱乐性。本书对锻炼学生空间力的智力游戏项目策划进行了系统而深入的阐述，体例科学，内容全面，具有很强的系统性、实用性、实践性和指导性。

19.《锻炼学生实践力的智力游戏策划》

社会实践即通常意义上的假期实习，对于在校大学生具有加深对本专业的了解、确认适合的职业、为向职场过渡作准备、增强就业竞争优势等多方面意义。也有些学生希望趁暑假打份零工，积攒一份私房钱。本书对社会锻炼学生实践力的智力游戏项目策划进行了系统而深入的阐述，体例科学，内容全面，具有很强的系统性、实用性、实践性和指导性。

20.《锻炼学生创造力的智力游戏策划》

本书对创造能力的培养进行研究，包括创造力的认识误区、创造力生成的基本理论、创造力的提升、管理者应具备的技能等，同时针对学生设计的游戏形式来进行创造力的训练。其实，想要激发孩子的创造力，你不必在家里放上昂贵的玩具和娱乐设施。一些简单的活动，比如和宝宝玩拍手游戏，或者和孩子一起编故事，所有这些都能让孩子进入有创意的世界。本书对锻炼学生创造力的智力游戏项目策划进行了系统而深入的阐述，体例科学，内容全面，具有很强的系统性、实用性、实践性和指导性。

由于时间、经验的关系，本书在编写等方面，必定存在不足和错误之处，衷心希望各界读者、一线教师及教育界人士批评指正。

编者

目　录

第一章　自由泳运动的竞赛与裁判…………………（1）

1. 自由泳的基本概况 …………………………………（2）

2. 自由泳设施装备 ……………………………………（4）

3. 自由泳技术动作 ……………………………………（7）

4. 自由泳学习训练 ……………………………………（16）

5. 自由泳竞赛项目 ……………………………………（19）

6. 自由泳竞赛规则 ……………………………………（21）

第二章　仰泳运动的竞赛与裁判…………………（23）

1. 仰泳的基本概况 ……………………………………（24）

2. 仰泳技术动作 ………………………………………（27）

3. 仰泳竞赛训练 ………………………………………（38）

4. 仰泳竞赛规则 ………………………………………（40）

第三章　蛙泳运动的竞赛与裁判…………………（43）

1. 蛙泳的基本概况 ……………………………………（44）

2. 蛙泳技术流派 ………………………………………（46）

3. 蛙泳技术动作 ………………………………………（51）

4. 蛙泳入门训练 ………………………………………（63）

5. 蛙泳竞赛规则 ………………………………………（67）

1

第四章　蝶泳运动的竞赛与裁判…………………………（69）

　　1. 蝶泳的基本概况 …………………………………（70）

　　2. 蝶泳技术动作 ……………………………………（73）

　　3. 蝶泳动作训练 ……………………………………（78）

第五章　花样游泳运动的竞赛与裁判………………………（87）

　　1. 花样游泳基本概况 ………………………………（88）

　　2. 花样游泳场地设施 ………………………………（90）

　　3. 花样游泳技术训练 ………………………………（92）

　　4. 花样游泳规则裁判 ………………………………（95）

第六章　帆船运动的竞赛与裁判……………………………（101）

　　1. 帆船运动的基本概况 ……………………………（102）

　　2. 帆船运动设施 ……………………………………（107）

　　3. 帆船运动技术 ……………………………………（116）

　　4. 竞赛项目级别 ……………………………………（135）

　　5. 帆船竞赛规则 ……………………………………（139）

第七章　水球运动的竞赛与裁判……………………………（145）

　　1. 水球运动的基本概况 ……………………………（146）

　　2. 水球运动设施 ……………………………………（149）

　　3. 水球运动技术 ……………………………………（152）

　　4. 水球竞赛规则 ……………………………………（169）

　　5. 水球运动裁判 ……………………………………（179）

第八章　跳水运动的竞赛与裁判……………………………（183）

　　1. 跳水运动基本概况 ………………………………（184）

　　2. 跳水运动设施 ……………………………………（187）

　　3. 跳水运动技术 ……………………………………（188）

　　4. 跳水运动规则 ……………………………………（192）

第一章

自由泳运动的竞赛与裁判

1．自由泳的基本概况

历史发展

（1）最早起源

自由泳的起源历史悠久，从中国和世界其他国家的古代遗物中，都可以发现类似于今天的自由泳技术的游泳姿势。早在公元前1000年的一个亚述浮雕上，以及公元前750年的一个希腊花瓶上，也发现了两臂轮流划水的游法。

据现有资料记载，较早采用两臂轮流划水的是一个英国人丁·杜鲁穗金。以后又相继出现了配合两腿的上下打水动作，两次打腿和拖腿的自由泳技术。

（2）最初竞赛

1900年举行的第二届奥运会上，匈牙利人哈尔曼就是采用两臂轮流划水、拖腿的方法获得了200米的铜牌、400米竞赛的金牌。接着他在第三届奥运会上又取得了50米和100米自由泳竞赛的金牌。后来一个英国人查·卡维尔创造了两腿轮流打水的方法，为自由泳技术的发展开辟了新的道路。

（3）奠定基础

1922年美国人韦斯摩勒用两臂轮流划水各一次、两腿打水6次的方法，创造了新的世界纪录，成为第一个突破100米自由泳1分钟大关的运动员。他的技术被认为是奠定了现代自由泳技术的基础。

（4）新的发展

20世纪如年代，两臂前交叉的技术在泳坛上盛行，并一直流传至20世纪50年代。随着运动成绩不断的提高出现了4次打腿的技术。1949年日本运动员古桥首先采用4次打腿技术，创造了1500米自由泳的新的世界纪录。

泳坛人士一方面承认采用这种技术能使动作频率加快，另一方面又怕改变腿打水 6 次的技术而影响成绩，因此，古桥的技术没有得到广泛的运用。

到了 1956 年，澳大利亚运动员罗斯采用该技术，第一次突破 1500 米自由泳 18 分钟大关；同年，在墨尔本举行的第十六届奥运会上，美国运动员沙利也采用 4 次打腿的自由泳技术，将自由泳的世界纪录提高到 17 分 52.9 秒；在 20 世纪 60 年代初，中国运动员采用 4 次打腿两臂中交叉的配合技术，多次创造中短距离自由泳的全国纪录，于是 4 次打腿的技术开始引起国内外体坛人士的注意。

（5）发展现状

然而，随着游泳运动的迅速发展，人们又不满足于 4 次打水技术。1964 年在东京举行的第十八届奥运会上，澳大利亚运动员温德尔采用两次打腿的自由泳技术，获得了 1500 米冠军，并把这个项目的世界纪录提高到 17 分 1.7 秒；1968 年在墨西哥举行的第十九届奥运会上，有 7 名是采用两次打腿技术。

进入 20 世纪 70 年代，不少优秀运动员采用两次打腿两臂中后交叉的配合技术，在长短距离自由泳项目中均取得了出色的成绩。于是这项技术开始发展起来。目前世界上短距离运动员多数采用六次打腿技术，长距离运动员多数采用两次打腿技术。

自由泳简介

（1）竞技项目

①地位

自由泳是竞技游泳竞赛项目之一。其规则是由国际泳联总会制定的。自由泳实用性强，在奥运会游泳竞赛中占有很重要的地位。

②项目

奥运会自由泳项目男子有 50 米、100 米、200 米、400 米、1500 米、4×100 米接力、4×200 米接力 7 项；女子有 50 米、100 米、200 米、400 米、800 米、4×100 米接力 6 项。自由泳项目在全部游泳项目 31 项中占 13 项，而且混合泳和混合泳接力中也包括自由泳，因此，自由泳往往被看作是衡量一个国家游泳水平的标志。

（2）常见泳姿

①不受限制

自由泳严格的来说不是一种游泳姿势，自由泳的意思是参赛者可以使用任何姿势。自由泳竞赛的规则没有任何的限制。

②采用方式

自由泳竞赛选手可以采用爬泳、狗爬式游泳或侧泳。混合泳竞赛的自由泳部分，选手不可以使用蛙泳、蝶泳、或仰泳。所有自由泳选手选用爬泳，因为速度快。低级自由泳竞赛常见运动员使用非爬泳姿势。奥运会里，爬泳是唯一的自由泳姿势，致使人们把爬泳也称为自由泳。

③爬泳动作

像爬行，即双臂轮流划水和两腿上下交替打水。这种姿势结构合理，阻力小，速度均匀，是目前最快、最省力的一种游泳姿势。

（3）技术特点

自由泳的基本技术特点是，人体俯卧水中，头肩稍高于水面，游进时躯干绕身体纵轴适当左右滚动，两臂轮流划水推动身体前进。手入水后划水路线呈 S 形，呼吸与划水动作协调。当臂用力划水时，利用水流在头两侧形成的波谷吸气。

2．自由泳设施装备

竞赛场地

国际标准游泳池长 50 米，宽至少 25 米，深 2 米以上。设 8 条泳道，每条泳道宽 2.5 米，第一和第八泳道的外侧分道线距离池壁为 2.5 米。

计时装置

（1）基本组成

游泳竞赛中主要通过自动计时系统来记录每位运动员的成绩，确定运动员的名次。自动计时系统包括发令装置、触板和计时器三部分。在大型竞赛中，自动计时系统还应该包括大型电子显示屏和终点录像系统。

（2）发令装置

发令装置包括话筒和电笛。发令装置与各出发台的扬声器相连，以便使每位运动员都能同时听到发令员的口令和出发信号。

（3）触板安装

触板的尺寸应不小于 2.4 米宽、0.9 米高，厚度 0.01 米 ±0.002 米。应安装在泳道两端中心的固定位置上，运动员在每次转身或到达终点时接触触板即可记录竞赛成绩或分段成绩。

（4）计时器安装

计时器应安装在距离游泳池终点端 3 米～5 米处装有空调的控制室内，控制室面积不小于 6 米 ×3 米。在竞赛期间，控制室与游泳池问的视线不能受到阻碍。

（5）计时器标准

按照规则要求游泳竞赛计时器应精确到 1/100 秒。除记录和处理运动员竞赛成绩外还能够自动记录运动员游进趟次，以及在接力竞赛中判断运动员是否有交接棒犯规行为。

（6）电子显示屏

大型电子显示屏在竞赛过程中将显示运动员的竞赛成绩，名次及其他信息。电子显示屏应至少可显示 10 行，每行显示 32 个字符，每个字符的位置上均能显示字母和数字。

（7）录像的系统

在奥运会和世界锦标赛中，终点录像系统将作为自动计时系统的一部分来记取运动员竞赛成绩。在其他赛事中，需要配备半自动计时装置作为补充。半自动计时装置要求每条泳道有 3 名裁判员独立操作与计时器相连接的按钮，在运动员到达终点时，裁判员按下按钮来记取运动员成绩。

分道线

（1）分道线长度

分道线长度应和赛道长度一致，固定在凹进两端池壁的挂钩上。

（2）挂钩位置

挂钩的位置应该保证分道线两端的浮标能够浮在水面上。

（3）分道线浮标

分道线浮标直径 0.05 米～0.15 米。

出发台

（1）位置尺寸

应设于泳池两端每条泳道的中央位置上，其前缘高出水面 0.50 米～0.75 米。表面面积为 0.50 米 ×0.50 米并覆盖防滑材料，倾斜度不超过 10 度。

（2）基本要求

出发台应该保证让使用前倾式出发姿势的运动员能够在前方或两侧抓住平台。如果出发台的厚度大于 0.04 米，建议两侧有不小于 0.1 米宽、前端有不小于 0.4 米宽、深入台体 0.03 米的握手槽。

（3）出发把手

前倾式出发把手应该安装在出发台两侧。

召回线

（1）挂在水面

出发犯规召回线应该悬挂在水面以上不低于 1.2 米的位置，距离每端池壁 15.0 米。

（2）断开装置

出发犯规召回线应该由一个快速断开装置连接。

（3）覆盖泳道

犯规召回线启动时必须能有效地覆盖所有泳道。

装备准备

不论是刚学游泳的人还是经常参加游泳的活动者，都要准备一些必备的用具，这样才能使游泳活动称心如意地进行。

（1）游泳衣

游泳衣裤必须合身，如果太大，在游泳时容易兜水，以致加大身体负重和阻力，影响游泳动作。因此，游泳衣裤要以穿在身上感到舒适为宜。年轻人可选择海滩式的尼龙游泳衣裤，颜色以鲜艳的为好，这样可增添美感。

（2）游泳帽

游泳时应戴游泳帽，特别是女性，可以防止头发散乱。有时水质不好还可以防止头发变黄。游泳帽应选带有松紧的尼龙制品或橡胶制品，不能太大，否则容易脱落。

（3）游泳镜

如果水质不干净，游泳时细菌很容易进入眼内，以致产生红眼病等。为了预防眼病，需要戴游泳眼镜进行游泳。对于初学游泳的人来说，戴游泳眼镜还可以纠正在水中睁不开眼睛的毛病。

（4）耳塞

在游泳时水流入耳朵是难以避免的。耳朵进水后很不舒服，有时会引起疼痛以致影响听力。为了防止水进入耳朵，应备有耳塞。

（5）浮体物品

初学游泳者，最好自备一些浮体物品，例如，救生圈（衣）、泡沫塑料打水板等。但自备这些物品时，要时时检查救生衣、圈有无漏气，以防发生事故。

（6）浴巾拖鞋

浴巾和拖鞋是游泳者必备的用品。在游泳的间歇或游完后上岸，用毛巾擦干身体，披上浴巾，穿上拖鞋，既可以保暖防止感冒，又比较卫生。在冬泳时，更是不可缺少。

（7）鼻夹

游泳时，由于水波常会把水冲入鼻孔，产生呛水、咳嗽的现象，尤其是初学游泳者，为了防止水进入鼻孔，最好准备一个鼻夹，它可强制用嘴吸气，而不用鼻吸气，可以避免呛水。

3．自由泳技术动作

自由泳动作

（1）保持良好姿势

自由泳时身体俯卧保持良好流线姿势，当速度快时肩背浮出水面，两肩配合划水交替滚动，两腿交替打水。

（2）主要动力来源

手臂动作是爬泳主要动力来源，手入水后勾手提肘以高肘姿势在躯干反复转动配合下沿身体下面成S形曲线向后划水，两手相继出水后经空中向前摆臂，形成一个连贯的加速过程。

（3）高肘加速划水

高肘加速划水是现代技术特征之一。换气是生理需要，对完整配合结构有一定影响，尤其是在高频率快速冲刺阶段。故在速度快时为了减少因换气动作对完整节奏的影响，多采用缩小换气动作时间或减少次数的方法进行。

（4）进行完整的配合

①速度快时

多用6次腿、2次臂和1次换气进行完整配合。

②中速度时

可用4次腿、2次臂、1次换气。

（5）平拍入水的技术

由于自由泳游速快，出发要求起动快、前冲有力、滑行短并尽快浮出水面，故多用爬台式平拍入水技术。

（6）前滚翻转身技术

而转身可用身体任何部分触壁，为了赢得距离和转速，多采用前滚翻转身技术。

（7）向高效方向发展

自由泳项目在竞赛中占比重最大，因而成为实力的标志。自由泳技术正朝向实效发展，要求高体位、高肘加速后划为主，减少换气次数，动作连贯，节奏稳定合理。

技术环节

身体姿势、腿部技术、手部技术、配合技术。

身体姿势

（1）俯卧姿势

游自由泳时，身体要尽量保持俯卧的水平姿势。但是为了取得更好的动作效果，头部应自然稍抬，两眼注视前下方，头的 *1/3* 露出水面，水平面接近发际，双腿处于最低点，身体纵轴与水平面约成 *3* 度～ *5* 度的仰角。

（2）自然转动

自由泳游进中，身体可以围绕身体纵轴做有节奏的转动，转动的角度一般为 *35* 度～ *45* 度。如果速度加快，角度就会相对减少。

这种转动是由于划臂、转头和吸气而形成的自然转动，并不是有意识地做转动。

（3）转动要领

①移臂

手臂的出水和空中移臂，并缩短移臂的转动半径。

②接近

手臂在水中抱水和划水，使手臂划水的最有力部分更接近于身体中心的垂直投影面。

③平衡

由于臀部随身体轻度的转动，腿打水时，产生部分侧向打水动作，可以抵消移臂时造成身体侧向偏离的影响，维持身体平衡。

④呼吸

便于呼吸。

腿部技术

（1）大腿动作

在自由泳技术中，大腿动作除了产生推动力，主要起着维持身体平衡的作用，它能使下肢抬高，以及协调配合双臂有力地划水。

（2）打水动作

自由泳腿的打水动作，几乎与水平面成垂直方向进行，从垂直面看，两腿分开的距离约为 *0.3* 米～ *0.4* 米，膝关节弯曲的角度约为 *160* 度。

（3）腿部力量

游进中，腿向上打水时，脚应接近水平；向下打水时，不应超过身体在水中的最低部位。正确的打水动作是脚稍向内旋，踝关节自然放松，向上和向下的打水动作应该从髋关节开始，大腿用力，通过整个腿部，最后到脚，形成一个"鞭状"打水动作。向下打水的效果最大，因此，应用较大的力和较快的速度进行；而向上则要求放松、自然，尽量少用力，并且速度相对要慢。

（4）动作连贯

①带动

从腿向上动作开始，当大腿带动小腿，从下直腿向上移至踝关节、膝关节、髋关节与水平面平行时，大腿稍向上而终止移动，并开始向下打水。

②移动

当大腿开始向下打水时，由于惯性的作用，此时小腿和脚仍继续向上移动，而使膝关节弯曲形成一个大约160度的角。这使小腿和脚达到了最高点，由于大腿继续向下移动，而带动小腿和脚完成向下打水动作。

③角度

当大腿向下打水到最低点并向上抬起时，小腿和脚与大腿仍保持一个角度，并继续向下移动打水，直至完全伸直为止，才随大腿向上移动，开始第二个循环动作。

臂部动作

（1）阶段

自由泳的臂部动作是推动身体前进的主要动力。它分为入水、抱水、划推水、出水和空中移臂等几个阶段，这几个阶段在划水动作中是紧密相连的一个完整动作。

（2）入水

①并拢

臂入水时，肘关节略屈，并高于手臂，手指自然伸直并拢，向前斜下方且插入水。

②向外

手掌向外，动作自然放松。

③位置

手入水的位置应在肩的延长线上或在身体的中线和肩的延长线之间。

④顺序

入水的顺序为：手—小臂—大臂。

⑤伸展

手切入水后，手和小臂继续向前下方伸展，手由向前、向下、稍有向内的运动变为向前、向下、稍向外的运动。

（3）抱水

①外旋

臂入水后，应积极插向前下方，此时小臂和大臂应积极外旋，并屈腕、屈肘。

②屈肘

在形成抱水的动作中，开始手臂是直的，当手臂划下至与水平面约成 *15* 度～ *20* 度角时，应逐渐屈肘，使肘关节高于手。

③手臂

在划水开始前，也就是手臂约与水面成 *40* 度角时，肘关节屈至 *150* 度左右。

④划水

抱水动作主要是为了划水做准备，因此，它是相对放松和缓慢的。

⑤圆球

抱水就好像用臂去抱一个大圆球一样。

⑥组成

抱水时，手的运动为向后、向下、向外的三个分运动组成。

（4）划水

①推进

划水是发挥最大推进作用的主要阶段，它分为两个阶段：从抱水结束到划至与水面垂直之前称为"拉水"，过垂直面后称为"推水"。手臂在前方与水平面成 *40* 度角起之后方与水平面约成 *15* 度～ *20* 度角止的运动过程都是划水动作。

②姿势

紧接抱水阶段进入拉水，拉水时，应保持高肘姿势，手向内、向上、向后运动。

③内旋

这时要保持抬肘，并使大臂内旋。同时继续屈肘，使手的动作迅速赶上身体的前进速度，能使水造成合理的动作方向和路线。同时，也使主要肌肉群在良好的工作条件下进入推水动作。

④中线

当拉水结束时，手在体下接近中线，即进入推水部分，这时，肘关节弯曲的角度约为90度～120度角，小臂由外旋转为内旋，掌心由向内后方方向变为向外后方。

⑤伸臂

向后推水是通过屈臂至伸臂来完成的。

⑥运动

在划水过程中，手是向外、向上、向后的运动。

⑦垂直

肘关节要向上、向体侧靠近，并且手掌始终要与水平面保持垂直。

⑧曲线

整个划推水过程，手掌的运动路线并不是始终在一条直线上和同一平面上，实际上是一个较复杂的三度曲线。

⑨身体

从身体的额状面来看是一个"S"型，从身体的矢状面来看是一个"W"型。

⑩配合

在整个划水过程中，肩部应配合手臂进行向前、向下、向后的合理转动，这样有利于加长划水路线和加大划水力量。

（5）出水

①提拉

在划水结束后，臂由于惯性的作用而很快地靠近水面，这时，由大臂带动肘关节做向外上方的提拉动作，将小臂和手提出水面。

②掌心

小臂出水动作要比大臂稍慢一些，掌心向后上方。

③迅速

手臂出水动作因迅速而不停顿，但同时应该柔和，小臂和手掌应尽量放松。

（6）空中移臂

①协调

臂在空中前移的动作是手臂出水的继续，不能停顿，一臂的动作应该放松自如，尽量不要破坏身体的流线型，要和另一臂的划水动作协调一致，并且要注意节奏。

②位置

在整个移臂过程中，肘部应始终保持比手部高的位置。

（7）两臂配合

①交叉型

自由泳时两臂划水发生的交叉位置有前交叉、中交叉和后交叉三种类型。

②前交叉

是指一臂入水时，另一臂已前摆至肩前方与平面成30度左右。前交叉有利于初学者掌握自由泳动作和呼吸。

③中交叉

是指一臂入水时，另一臂处在向内划水阶段与水平面成90度。

④后交叉

是指一臂入水时，另一臂划至腹下，手与水平面成150度左右。

配合技术

（1）技术分类

①配合

两臂的配合技术。

②技术

两臂和呼吸的配合技术。

③完整

完整的配合技术以及手脚配合技术。

（2）两臂配合

①条件

自由泳两臂的正确配合是保障前进速度均匀性的重要条件，并且还有利于发挥肩带力量积极参与划水。

②种类

根据划水时两臂所处的位置，可以把手臂的配合技术分为四种：即前交叉、中交叉、中前交叉和后交叉。

③采用

一般优秀运动员都采用中前交叉的技术。

（3）两臂和呼吸配合

自由泳技术中的呼吸技术较为复杂，但是它的好坏，将直接影响着划水力量和速度、耐力的发挥。自由泳的呼吸和手臂的配合为以下几点。

①N 次

一次呼吸 N 次划水（N>2）。

②转动

吸气时头随着肩、身体的纵向转动转向一侧，使头在低于水面的波谷中吸气。

③移臂

此时，同侧臂正处在出水转入移臂的阶段。

④位置

移臂时头转向正常位置。

⑤加快

同侧臂入水时开始慢慢呼气，并逐渐用力加快呼气的速度。

（4）手脚配合

①关系密切

划手和踢腿两者的关系密切，单单靠一方零零落落的动作是无法游得快的。两者妥善配合，可以使推进力大增。重点是划手和踢腿的配合时机。两者配合不好的话，就会陷入停滞的状态。

②掌握节拍

踢腿通常采6拍。即在一个循环中打6次腿。其中的两次打水身体回转滚动，以增加腰部力量的打水。融合这两次强有力的打水和划手后，技术将更上一层楼。

③把握时机

那么，划手到什么时间点时才是踢腿的时机呢？那就是，手入水的瞬间时踢腿。换句话说，在手入水往前伸展时踢腿。手往前伸时，受到还原动作气势的相助，产生带动身体前进的力量。

为了学会这个时机配合项目，可以试作2拍滚动。这种泳法常常被长泳的选手所采用。这种泳法的要点，就是踢腿要与身体滚动融和在一起。那么回复到一般的6拍打水方式时，手入水的同时也可以自然地踢腿。

④重在自然

以脚来说，脚跟手一样，有人惯用右脚，也有惯用左脚的，要怎样的组合最好，可以根据自己的感觉。

自由泳难学易用。如果能够熟练掌握自由泳的技巧，你会感觉自由泳是几种泳姿中最优雅且效率最高的。

（5）完整配合

①配合方法

完整的配合技术即呼吸、手臂和腿的配合。因为手臂是产生推进力的主要来源，因此，在配合中，呼吸和腿的动作都应该服从于手臂动作的需要。自由泳时，一般是在两臂各划水一次的过程中进行一次呼吸，以向右边吸气为例：右手入水后，嘴和鼻开始慢慢呼气。右臂划水至肩下，开始向右侧转头和增大呼气量。右臂推水即将结束，则用力呼气。右臂出水时，张嘴吸气，至空中移臂的前半部为止，并开始转头还原。然后，直至臂入水结束，有一个短暂的闭气过程，脸部转向前下。头部稳定时，右臂入水，再开始下一个慢慢呼气的过程。

②配合比例

呼吸、手臂和腿的配合比例主要有三种：$1：2：2$，即一次呼吸，两次手臂动作，两次打腿的动作；$1：2：4$；$1：2：6$。自由泳的呼吸与臂、腿配合，初学者一般者采$1：2：6$的方法，即呼吸一次、臂划两次、腿打6次，这种配合方法易保持平衡和协调掌握自由泳技术。也有极少数优秀运动员采用$1：2：8$的技术。

4. 自由泳学习训练

腿部动作的训练

（1）陆地训练

①坐姿打水

坐在池边或地上，两手后撑，两腿伸直，腿内旋使脚尖相对，脚跟分开成八字，两腿放松，以髋为轴，大腿带动小腿，上下交替打水。

②卧姿打水

俯卧在凳上，做两腿上下交替打水，要求同上。

（2）水中训练

①俯卧打手

手握池槽，或由同伴托其腹部，成水平姿势，两腿伸直，做直腿或屈腿打水。

②仰卧打水

仰卧姿势，手握池槽，或由同伴帮助托其背部，做两腿交替打水，注意膝盖不要露出水面。

③滑行打水

训练时要求闭气，两臂伸直并拢，头夹于两臂之间。

④扶板打水

训练时两臂伸直，放松扶板，肩浸水中，手不要用力压板，呼吸自然。

手臂与呼吸配合

（1）陆上训练

①两脚开立

上体前屈，做臂划水的模仿训练。

②同上训练

结合呼吸配合。

（2）水中训练

①站立水中

上体前倾，肩浸入水，做臂划水，边做边走，同时转头呼吸。

②两臂配合

蹬边滑行后闭气，做两臂配合动作。

③转头呼吸

腿夹打水板，蹬边滑行后，做两臂划水，结合转头呼吸。

完整配合的训练

（1）用力划水

站立水中，上体前倾做划臂与呼吸配合的训练，借助用力划水向前移动，然后蹬离池底，两腿打水形成完整配合。

（2）呼吸配合

蹬边滑行打水漂浮 5 米～10 米，做自由泳臂划水与呼吸配合训练。

训练提示

自由泳技术不像蛙泳那样有间歇阶段，而且呼吸时还必须向侧转头，因而初学者往往表现得忙乱而且紧张。应着重于动作配合，注意动作的放松。

训练口诀

头擦水面，颈脊平长，下颏收敛，换气莫昂；

通体要刚，腰腹紧张，圆木滚动，脐望两旁；

伸臂入袖，转肩进框，近体直划，拉柔推刚；

大腿夹住，小腿如簧，足踝放松，有弛有张。

克服误区

（1）顺着水势

认为自由泳很费力气。其实恰恰相反，由于在游泳的时候，人平行于水面，与水的阻力减到最小。如果能够掌握一些技巧的话，人在水中的每一个动作都是顺着水势。

（2）目光向前

认为自由泳的换气方式会使耳朵内进水。有些人自由泳喜欢低着头游，因此，换气的时候耳孔正好与水面平行，导致水灌入耳朵里。其实游自由泳的时候头应该一直朝正前方看，而换气的时候，头向身后摆，这样头出水的时候与水面会有一个倾斜的角度，水就不会灌入耳朵里。

注意事项

（1）换气技巧

自由泳的技术动作比较复杂，然而不像蝶泳，一般人如果不考虑换气，都可以游上几下自由泳。所以，换气技巧是自由泳入门的关键。自由泳的换气有以下 3 个要点。

①单边换气

至于哪边就看个人习惯了。

②换气时机

要在头刚露出水面的时候开始换气，且要吸一大口气。

③换气节奏

要掌握好换气的节奏，一个循环一次或者两个甚至三个循环一次都是可以接受的。因为换气本身是增加阻力的一个动作，因此，能尽量少换最好。但是一定要有一个固定的节奏。

（2）手臂动作

①动作

自由泳的手臂动作可以说是速度快慢的关键，手臂的划水、抱水是自由泳向前动力的主要来源。脚的打水动作基本上只提供向上的升力，因此，你可以用两条腿夹住一个浮板训练手臂动作。

②前移

手的入水点不能太远，但入水后一定要尽量向前移，然后成 S

型曲线运动抱水，并终止于大腿外侧。

③阻力

出水时要肘部先出水，前臂折叠状态要尽量坚持到大臂向后不能再摆的状态。这样可以减少手臂出水时的阻力。

（3）双腿动作

①平行

双腿打水要有力，但要适可而止，标准就是让自己的身体刚好保持与水面平行状态。

②节奏

打水要有节奏，开始的时候可能很难掌握 *1：2：4* 或者 *1：2：6* 的呼吸，两次手臂运动与两次打水的比例关系。

③频率

至少要保证打水保持同一频率，不能忽快忽慢。

（4）实践为主

当然，想游好自由泳，最关键的一点还是要以实践为主。如果能连续游 *200* 米的话，可以说基本技巧就已经掌握了。

5. 自由泳竞赛项目

竞赛项目

（1）自由泳项目

50 米自由泳、*100* 米自由泳、*200* 米自由泳、*400* 米自由泳、*800* 米自由泳、*1500* 米自由泳、*4×100* 米自由泳接力、*4×200* 米自由泳接力；少年游泳竞赛（*8* 岁以下）还常有 *25* 米的自由泳，这个距离比较适合耐力低的少年选手。国际游泳联合会举办的 *800* 米竞赛只有女子，*1500* 米竞赛只有男子。但是，联合会记录其他竞赛的女子 *1500* 米和男子 *800* 米。

（2）混合泳项目

这里的混合泳是包括自由泳部分的混合泳项目：*100* 米个人混合

泳、200 米个人混合泳、400 米个人混合泳、4×100 米混合泳接力。

接力项目

（1）概况

①人员

自由泳接力是竞技游泳集体项目之一。每队 4 人，每人可用任何泳式按顺序游完四分之一距离，以 4 人游完全程的速度计成绩。

②犯规

前一运动员游完规定距离并触及池壁时，后一运动员才能蹬离出发台出发，违者当犯规判处。任何一人犯规，即取消全队竞赛成绩。

③成绩

自由泳接力以 4 人游完全程的速度计成绩。

④项目

竞赛项目有 4×100 米、4×200 米。

（2）规则

①一人一棒

每一接力队应有 4 名队员，接力竞赛中任一队员犯规即算该队犯规。任何接力队员在一次接力竞赛中只能参加一棒竞赛。

②触壁原则

自由泳接力竞赛时，如本队的前一名运动员尚未触及池壁，而后一名运动员即离台出发，应算犯规。如该运动员重新返回并以身体任何部分触及池壁再行游出时，则不算犯规。

③尽快离池

接力竞赛前三棒运动员游完后，在不影响其他运动员竞赛的情况下尽快离池，并不得触停其他泳道的自动计时装置，否则即判犯规。运动员全部到达终点后要尽快离池，否则即算犯规。

④不能提前

在一项竞赛进行过程中，当所有竞赛的运动员还未游完全程前，未参加竞赛的运动员如果下水，应取消其原定的下一次竞赛的资格。

在接力竞赛中，当各队的所有运动员还未游完之前，除了应该游该棒的运动员，任何其他接力队员如果进入水中，该接力队应被取消录取资格。

⑤申请记录

接力竞赛中的第一棒运动员的成绩可申请为世界纪录，但运动员本人、其教练员或领队需在该场竞赛前明确向总裁判提出申请。如这一运动员在他本人的游程中创造了这一项目的记录，即使本队或本队其他队员在他游完后因犯规而被取消竞赛资格，这一纪录仍被承认。

6. 自由泳竞赛规则

顺序

（1）预赛

游泳竞赛中，200米以下个人项目，含200米进行预赛、半决赛和决赛；400米以上个人和接力项目进行预赛和决赛。运动员和接力队根据报名成绩分组进行预赛，根据预赛成绩排名进入半决赛或决赛。

（2）决赛

预赛成绩前16名进入半决赛，半决赛成绩前8名进入决赛。在设有8条泳道的游泳池内竞赛时，同一组成绩最好的运动员或接力队，应安排在第四泳道。其他运动员或接力队按成绩的优劣以5泳道、3泳道、6泳道、2泳道、7泳道、1泳道、8泳道的顺序进行安排。

（3）接力赛

接力竞赛以队为单位，每单位可在报名参加竞赛的同组运动员中任选4人参加接力竞赛。在预、决赛中参加者可任意调换，但接力名单报送后擅自颠倒棒次或更换运动员均判为犯规。

出发

（1）不准抢跳

在奥运会游泳竞赛中，任何一个运动员在出发时抢跳犯规都会被取消竞赛资格。

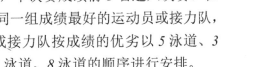

（2）第一声长哨

自由泳的各项竞赛必须从出发台起跳出发。当总裁判员发出长哨音信号后，运动员应站到出发台上。

（3）第二声长哨

在总裁判员发出第二声长哨时迅速游回池端，在水中做好出发准备。

（4）做好准备

当发令员发出"各就位"的口令后，运动员应至少有一只脚在出发台的前缘作好出发准备，手臂位置不限。

（5）准时出发

当所有运动员都处于静止状态时，发令员发出鸣枪、电笛、鸣哨或口令出发信号。运动员在听到出发信号后才能做出发动作。

到边

在自由泳竞赛中，到达终点时运动员可以只用一只手触壁。

转身

奥运会游泳竞赛使用的是 50 米长的标准池，所有距离在 50 米以上的竞赛都必须在途中折返。转身时，自由泳和仰泳允许运动员使用身体的任何部分触及池壁，这就允许运动员可以在水下转身后，用脚去蹬池壁。

计时

（1）自动计时

所有游泳运动员的竞赛成绩和名次都是由自动计时装置决定的。运动员出发时，出发台上的压力板将记录数据。每条泳道两端都装有触板，当运动员触壁时也会被记录。由于触板和出发台是互连的，因此，可以判断参加接力竞赛的运动员是否是在其队友触壁以后才入水的。

（2）不准抢时

接力竞赛当中，如果任何一个运动员在其队友触壁 0.03 秒之前离开出发台，这个队将被自动取消竞赛资格。运动员可以在队友触壁的时候做出发动作，但是脚必须接触出发台。

第二章

仰泳运动的竞赛与裁判

1．仰泳的基本概况

仰泳简介

（1）概念

仰泳是竞技游泳竞赛项目之一。仰泳，又名"背泳"，是一种人体仰卧在水中的游泳姿势。

（2）种类

仰泳包括反蛙泳和反爬泳。

（3）要求

游进时身体仰卧，臂腿动作没有规则限制，多用交替划水和交替踢水配合技术。

（4）特点

仰泳是唯一运动员在水中开始的姿势，其他都是跳入水中。仰泳技术由于头部露出水面，呼吸方便；躺在水面上，比较省力。因此，深受中老年人和体质较弱者喜爱。

但是，游泳者看不到在往哪里游，容易错方向。

历史发展

（1）原始仰泳

1794 年就出现了原始的仰泳技术。仰泳是在蛙泳之后产生的。在长距离游泳中有人发现只要把身体仰卧在水中，手臂和腿稍加动作就可以自然地漂浮在水面和向前前进，并可以借此在水中休息。

（2）早期仰泳

1900 年第二届奥运会开始仰泳被列为正式竞赛项目。仰泳包括反蛙泳和爬式仰泳。反蛙泳是最早出现的一种仰泳，动作近似蛙泳，而身体姿势相反，即人体仰卧水面，两臂从头后经体侧向后划水，两

腿做蛙泳的蹬水动作。最初几届奥运会上的仰泳竞赛都是采用反蛙泳姿势。

（3）新的发展

由于早期仰泳配合效果不好，游速较慢，1902 年爬泳的技术被引用到仰泳中去，至 1912 年第五届奥运会时，美国人赫布纳改进技术，用两臂交替划水和两腿交替踢水配合取得成功，并以 1 分 21 秒的成绩获 100 米冠军，证实了爬式仰泳技术的优越性。至此，反蛙泳失去竞赛意义。

（4）奠定基础

1936 年第十一届奥运会上，美国选手克菲尔以 1 分 5 秒 9 的成绩获得 100 米冠军，他的技术动作比较完善合理，奠定了现代仰泳的基础。

（5）仰泳现状

目前仰泳技术是两次屈臂划水，腿打水 6 次或 4 次，1 次呼吸的配合技术。

锻炼价值

（1）对心血管的作用

游泳对心血管系统的改善有相当重要的作用。冷水的刺激通过热量调节作用与新陈代谢能促进血液循环；此外游泳时水的压力和阻力还对心脏和血液的循环起到特殊的作用，在水面游泳时，身体所承受的水压就已达到每平方厘米 0.02～0.05 千克，潜水时随着深度的加大，物理条件的变化，压力还会增大，游泳速度的加快也会加大压力负荷，心房和心室的肌肉组织能得到加强，心腔的容量也能逐渐有所加大，心脏的跳动次数减少，这样心脏的活动就能节省化，整个血液循环系统也能得到改善，静止状态下舒张压有所上升，收缩压有所下降，因此血压值变得更为有利；血管的弹性也有所提高。根据有关专家统计，一般人在安静状态下每分钟心脏跳动约 66～72 次，每搏输出量约为 60～80 毫升，而长期参加游泳锻炼的人，在同样情况下只需收缩 50 次左右，每搏输出量却达到 90～120 毫升。

（2）对呼吸系统作用

在游泳训练时，新陈代谢过程和心血管系统工作的节省化都离不开大量的供氧，然而由于水压迫着胸腔和腹部，给吸气增加了困难，曾有人做过专门的试验，游泳时人的胸廓要受到 12～15 千克水的压力，那么要想使身体获得足够的氧气，呼吸肌就必须不断地克服这种压力。

另外，游泳时呼气一般都是在水下完成的，而水的密度要比空气的密度大得多，因此要想呼气就必须用力，这样不管是吸气还是呼气都能增加呼吸肌的收缩力，从而能增强呼吸系统的功能，加大肺活量。一般健康男子的肺活量为 3 000～4 000 毫升，而经常从事游泳的人可以达到 5 000～6 000 毫升。

（3）对人体皮肤作用

在游泳过程中，由于水温的刺激，机体为了保证足够的温度，皮肤血管参与了重要的调节作用。冷水的刺激能使皮肤血管收缩，以防热量扩散到体外。同时身体又加紧产生热量，使皮肤血管扩张，改善对皮肤血管的供血，这样长期的坚持锻炼能使皮肤的血液循环得到加强。

另外，水是十分柔软的液体，而由于水波的作用，不断对人体表皮进行摩擦，从而使皮肤得到更好的放松和休息，所以经常参加游泳锻炼的人，都有一身光洁、柔软的皮肤。

（4）其他方面的作用

众所周知，我们生活在一个 3/4 充满水域的球体，因此在生活中就难免要和水打交道，这就是游泳不但只是一项体育项目，更重要的它还是生活中不可多得的工具与技能。它渗入我们生活中的很多领域，如水上资源开发、科学考察、防洪抢险、救护打捞等都必须有熟练的游泳技术作为后盾，才能有生命的保障。

2．仰泳技术动作

基本技术

（1）身体位置

游仰泳时，身体要自然伸展，仰卧在水面，头和肩部稍高，腰部和腿部保持水平，身体纵轴在水平面上构成的迎角约为 *10°* ，腰部和两腿均处在水面下。

（2）身体姿势

仰泳时身体几乎水平仰卧在水中，胸部自然伸展与腹部成一条直线，头部没于水中，脸部露出水面。在游进时，头部始终保持正直姿势，躯干围绕纵轴因两臂的轮流划水动作而自然转动。

（3）头部姿势

在仰泳技术中头起着"舵"的作用，并可以控制身体左右转动。头应保持相对稳定，不要上下左右晃动，但颈部肌肉不要过度紧张，后脑处在水中，水位在耳际附近，两眼看腿部的上方。

（4）腰部姿势

仰泳游进中，腰部肌肉要保持适度的紧张，以不至于使身体过分平直和屈髋成坐卧姿势为前提。肋上提，不要含胸。快速游进时，身体的迎角能使体位升高，水平较高的运动员不仅肩和胸部露出水面，而且腹部也经常会露出水面。

（5）身体滚动

①方法

游仰泳时，身体的纵轴应随着两臂划水动作而自然滚动，滚动的角度根据个人的情况不同而稍有差别，肩关节灵活性较好的人滚动小，反之则大，一般为 *45°* 左右。

②目的

身体滚动的目的主要是有利于划水臂处于较好的角度，能够加强划水的力量；能保持屈臂划水的一定深度；有利于臂出水和向前移臂。注意滚动的角度不应过大，否则不但会引起疲劳，而且会影响前进速度。

技术要点

（1）积极的流线型

所谓积极的流线型，是指在任何时候都要使自己的身体姿势保持流线型，而不仅仅在移动速度最快的出发和转身后。不论你的身高如何，都要使自己游起来显得很高。将身体尽量伸展，把自己想象成一个只移动数寸的圆滑的、滑动的贝壳，而不是在水中前进的小舟或驳船。

（2）平稳身体姿势

尽量使身体与水平面平行。通过微向前耸肩使脊背保持挺直。髋部下沉会带来较大的阻力，而且使腿的负荷加大，在竞赛前半段就会耗费较多能量。克雷泽伯格的髋部很高，因为在他快速游进时身体漂在水面较高的位置，身体保持平衡。反过来，游得越快，身体位置也会越高。

（3）身体的转动

像滚动的原木那样使身体向两侧转动。要注意把肩和髋关节看作一个整体来转动。像在滑冰或轮滑时那样将身体的重量从一侧向另一侧转换。转动速度要快，使自己在多数时间都处于侧位，而不是平平的仰卧位。这样既可以减小阻力，又能够充分发挥躯干大肌肉群的力量。

（4）移臂和入水

通过猛然向侧方转动使手快速离开水面。事实上，肩应该比手早离开水面。如果手先出水，肩会遇到很大的阻力。移臂应放松，且垂直于身体来保持身体的平衡。如果移臂过宽，往往导致过早转体，使手在头前入水。其结果是使节奏减慢，并影响身体的转动。正确的入水点应在肩延线上。

（5）打腿的动作

踝关节的灵活性对腿十分重要。两腿要窄，足尖伸展，脚位于身体截面内。水花不宜过大，但要通过打腿始终使脚周围的水像圆屋顶那样，利用打腿引起身体的转动。记住侧卧时的速度比仰卧要快，爬式仰泳的配合动作与自由泳相同。基本技术包括身体姿势、腿和臂的动作及呼吸与动作配合等方面。

腿部动作

（1）腿的技术

①作用

在仰泳技术中，腿部动作是保持身体处于较好角度、水平姿势的因素之一，并且踢水动作不但可以控制身体的摆动，而且能产生一定的推进力。仰泳时腿的动作作用：一是推动身体前进；二是维持身体平衡；三是保持身体有较高水平姿势；

②幅度

腿打水的幅度比自由泳稍大。打水时，以髋关节为支点，大腿发力，带动小腿及脚用力上踢。向上踢水时膝关节微屈，约成140°左右，踝关节伸展，脚向内转，动作要有力。

③方法

向下打水时，膝关节自然伸直，两脚跟的上下最大距离在0.4米～0.5米。踢水时脚尖稍向内旋，以加大踢水面积。

④组成

仰泳的腿部动作是由下压动作和上踢动作组成，即直腿下压，屈腿上踢。

（2）下压动作

腿向下压的动作是借助于臀部肌群的收缩来完成的。在整个腿下压动作中，前2/3由于水的阻力，是膝关节充分展开，腿部肌肉放松。

当打腿下压到一定程度，由于腹肌和腰肌的控制，停止向下，而过渡到向上移动，由于惯性的作用，小腿仍然继续向下，而造成膝关节弯曲，所以在腿下压的后 1/3 是屈腿的。

随着惯性的逐渐减弱和打腿的带动，小腿也开始向上移动，但此时脚仍然继续向下，直至惯性消失，大腿、小腿和脚一次结束向下的动作，构成向下"鞭打"的动作。

下压的动作因为不产生推进力，因此相对的要求速度不要太快，并且腿部各关节要自然放松。

（3）上踢动作

当腿部动作下压结束时，由于水对小腿的阻力和大腿肌肉的牵制，大腿与小腿构成 $135° \sim 140°$，小腿与水平面成 $40° \sim 45°$。

此时打小腿弯曲到最大程度，小腿和脚对水面较大。上踢动作的开始，就需要用脚打的力量和速度来进行，并逐渐加大至最大力量和速度。当打腿向上移动超过水平面就结束向上的动作，此时膝关节接近水面。随后小腿和脚也依次向上，让膝关节充分伸展，构成向下"鞭打"的动作。

上踢动作是以大腿带动小腿，小腿带动脚来完成的，并且在任何情况下，尽量不要让膝关节或脚尖露出水面。

臂部动作

（1）要领

①连贯

臂的技术分入水、抱水、划水、出水和空中移臂几个部分，几个动作连贯地进行。

②入水

入水时臂自然伸直，手小指朝下在肩延长线的前方，臂切身入水。

③抱水

当手切入水中后，向外侧下滑，然后手掌向上向后方勾手，同时肩内旋，肘关节向前下方引，手继续上提，拉开肩带肌群，使手和小臂对好划水方向。

④划水

划水是动作的主要部分。从臂抱水与身体纵轴成 *40°～50°* 开始屈臂划水，手后划的速度要快于肘。划水至肩侧时，手距水面约 *0.15* 米。这时手、前臂、上臂同时向后方做推水动作。肘关节将靠近体侧时，手向后下方压水，肩关节向上转动，内旋，手掌内转下压至大腿旁时结束划水。

⑤出水

划水结束后，借助手掌下压的反作用力，以提肩带动上臂和前臂出水，手放松，臂出水后沿肩线上方前移，臂伸直。两臂的配合是一臂入水时，另一臂出水。

⑥路线

仰泳臂划水动作是产生推动身体前进的主要因素。一个完整的手臂动作分为入水、抱水、划推水、出水和空中移臂等几个阶段，手掌由于入水、抱水和划推水在水下形成一个 S 形路线。

（2）入水

①惯性

臂入水时，应借助于移臂动作的惯性，臂部自然放松，入水点应在身体纵轴与肩的延长线之间，或在肩的延长线上。过宽或过窄都会影响速度。

②弯曲

臂入水时应保持直臂，肘部不要弯曲，入水时小指向下，拇指向上，掌心向侧后方。手掌与小臂约 *150°～160°* 。

（3）抱水

抱水是为划推水创造有利的条件。

①压力

臂入水后要利用移臂时所产生的力量积极下滑到一定的深度，手掌向下、向侧移动，通过伸肩、屈肘、上臂内旋和屈腕的动作，配合身体的滚动，使手掌和前臂对准水并有压力的感觉。

②微屈

当完成抱水动作时，肘部微屈成 $150°\sim 160°$ ，手掌距水面 $0.3\sim 0.4$ 米，肩保持较高的位置。

③方向

抱水时，手的运动方向为向后、向下、向外的三个分运动，水流由小指尖流向第一掌骨底，紧接着通过前臂外旋，改变掌心朝向，由向外、向下、向后变为向后、向上、向外侧的方向。

（4）划推水

①阶段

仰泳的划水动作是推动身体前进的主要动力。整个动作是由屈臂抱水开始，以肩为中心，划直打腿外侧下方为止。

划水动作包含拉水和推水两个阶段。

②拉水

拉水是在臂前伸抱水的基础上进行的。开始时前臂内旋，手掌上移，肘部下降，使屈肘程度加大，手掌和小臂要保持与前进方向垂直。当手掌划至肩侧时，屈臂程度最大，为 $70°\sim 110°$ ，手掌接近水面。拉水的前半部分，手的运动为向上、向外、向后的三个分运动；后半部分则是向上、向内、向后的三个分运动。水流从大拇指流向小指。这个阶段也是身体向划水臂同侧转动最大的阶段。

③推水

推水是在手臂划过肩侧时开始的，这时肘关节和大臂应逐渐向身体靠近，同时用力向脚的方向推水。当推水即将结束时，小臂内旋做加速转腕下压的动作，掌心游向后转向向下。推水时，手的运动是游向内、向下、向后的，逐渐转变为向内、向下、向前的运动。水流从小指流向大拇指一边。推水结束时，手臂要伸直，手掌在大腿侧下方。

（5）出水

①时间

推水结束后，借助于手掌压水的反弹力迅速提臂出水。

②手型

出水时手型有多种：手背先出水，大拇指先出水，小拇指先出水。这三种手型各有利弊，相对来说最后一种较好。

③要求

无论采用哪种手型出水，都要注意使手臂自然、放松、迅速，并且要先压水后提肩，肩部露出水面后，由肩带动大臂、小臂和手依次出水。

（6）移臂

提臂出水后，手应迅速从大腿外侧垂直于水面移至肩前。当手臂移至肩上方时，手掌要内旋，使掌心向外翻转。空中移臂时，必须伸直放松，移臂的后阶段要注意肩关节充分伸展，为入水和划水做好准备。

配合技术

（1）呼吸与动作配合

由于脸露出水面，呼吸比较自然，一般是右臂出水时吸气，移臂至将垂直水面时吸气结束，然后憋气，手入水后均匀吐气，手将出水时吐气结束。臂腿配合动作一般是两臂各划水 1 次，腿打水 6 次。

（2）两臂配合技术

仰泳两臂的配合是"连接式"的，即当一臂划水结束时，另一臂已入水并开始划水；一臂处于划水的中部，另一臂正处于移臂过程的一半。在整个臂的动作过程中，两臂都处在完全相反的位置。

（3）臂和呼吸配合

仰泳的呼吸相对来说比较简单，一般是两次划水一次呼吸，即一臂移臂时开始吸气，然后做短暂的憋气，当另一臂移臂时进行呼气。在高速游进时也有一次划水一次呼吸的技术，但是呼吸不能过于频繁，否则会引起呼吸不充分，造成动作紊乱。

（4）臂腿配合技术

臂腿配合是否合理，将影响整个动作的平衡和协调自然。臂在划水过程中，腿的上踢、下压动作要避免身体的过分转动，以保持身体的平衡、协调为原则。

动作结构

（1）左手动作

①回手

左手在肩膊正上方进入水中，小指先入水，右手完成划水，并开始做回手动作。

②屈曲

左手在回手后半阶段所产生的力量造成肘及臂保持伸直沉入水中，开始往上移动。右手露出水面的同时，腕关节屈曲。

③上打

当左手向下向外划时，肘关节屈曲，右腿开始做对角线的上打动作。

④旋转

当左手经过肩膊，肘关节屈曲达到90°，回手开始旋转，掌心向外。

⑤伸展

当手横过肩膊，划臂肘关节开始伸展。这时身体滚动达至 $40° \sim 50°$ 。

（2）左臂动作

左臂完成划水，肘关节完全伸展，手掌向下，约在臀部以下0.2

米的位置。

（3）右手动作

①捉水

右手沉入水中，准备捉水。

②踢水

右手捉水是利用肘关节的伸直，左腿向下踢水。

③上提

右手向后施力推水，左肩因身体的滚动而上提。

（4）右臂动作

①上踢

右臂开始做向下压水动作，左腿继续上踢。

②划水

右臂完成划水的同时，左手回手动作也接近完成。

打水技巧

（1）打水频率

爬泳的打水频率有 2 次、4 次、6 次，那么海豚式仰泳也应与之相似。但最常见的是 2 次，即每划水 1 次打水 1 次。每划水 1 次打水 2 次最有效。运动员在出发和转身时可以采用较高的打水频率，但进入划水阶段时要采用 2 次打水频率的节奏。

（2）打水时机

最有效的打水时机是在手进入抱水阶段。划水的节奏决定打水的时机，在划水阶段的低推进部分时采用打水阶段的高推进部分是符合逻辑的，即在一只手入水时，另一只手已完成高推进部分的最后推水并进入空中移臂阶段，这时正处在划水阶段的低推进部分，所以此时采用打水可以帮助身体向前推进。在身体向前运动时要保持均匀速度，不要有明显的停顿。

（3）打水幅度

如果打水幅度过大，就会产生较大的阻力。正如出发和转身时采用的水下海豚式打水一样，使打水幅度控制在身体前进方向上的投影面内。一个运动员在身体前进方向的投影面积为 1，打水时腿伸出投影面使之面积增加至 2，那么就会产生多至 4 倍的阻力。所以，正确的打水方式应是快速、小幅度并有一定的停顿，而不是那种大幅度，慢速地打水，它只会降低身体位置和增加阻力。

（4）打水力量

在蝶泳中打水时是向下重打，向上轻打。在海豚式打水的仰泳技术中则是在左右两个方向上都要求重打水。

（5）身体转动

海豚式打水的仰泳技术最困难的部分是身体围绕长轴做连续的转动。这种技术要求运动员做较大角度的转动以获得最大的划水距离和效果。流体力学告诉我们侧身位的打水比正或反身位的打水速度快，这是因为侧身位把水推离至两边或反身位把水推离至有波浪的水表面效率更高。大多数鱼类都是向两侧摆尾打水的。

海豚式打水的仰泳技术也是利用核心力量驱使身体转动的，与蝶泳不同的是它要求臀部的左右转动。

（6）稳定身体

这种技术最常见的错误是在打水时上半身过度左右转动，这样会产生身体的波动，使身体下沉，从而破坏划水的节奏。正确的是上半身相对固定，转动从臀部以下开始。

（7）协调能力

协调能力是指把几种运动有机地组合在一起，使它们成为一体。海豚式打水的仰泳技术需要这种协调能力把打水时机和节奏、转动及核心力量有机组合成为一体。只有把上述因素协调好才能形成完美的技术，从而战胜传统的技术。

注意事项

（1）腿部动作

①要领

很多游泳爱好者说，仰泳看起来很漂亮，游起来却感觉不那么舒服，也就是在一些技术问题上不得要领。

②交替

很多人仰泳时身体老是浮不起来，问题最有可能出在腿部动作上。仰泳时双腿一定要绷直，膝关节、踝关节均伸直，双脚稍内扣。打腿时必须大腿用力，直腿下压，两腿交替不能有停顿。

③动作

初学者可以先在陆上做一些腿部模仿训练来体会动作要领。

（2）仰卧方法

①频率

仰泳不是全身放松地躺着，必须挺胸、收腹、敛臀。千万不能坐在水里，那样很快就会沉下去了。如果想提高速度，仰泳时就要加快打腿的频率。一般平均打腿6次、划手1周是标准频率。

②行进间两臂要交替划水，两臂之间保持180°最好。在水面上胳膊要伸直，手入水的时候大臂最好碰到自己的耳朵。手入水后，先屈腕，再屈肘，手至肚脐位置时再用力推水。

建议初学者先在陆上做模仿动作，先做站立模仿，等动作熟悉后，再做仰卧模仿。

（3）避免呛水

有的人抱怨仰泳时鼻子里进水。其实，这个问题很好解决，只要下巴尽量靠近自己的胸就行了。仰泳的姿势决定了它没有什么换气技术可言，但仰泳却是喝水最多的泳姿，手臂挥动时带出的水往往全都到了嘴里，呛得非常难受。有的人为此把头部微微前倾出一定的角度，可以减少喝水，但同时带来的问题就是速度慢下来了，所以其中的取舍就因个人而异了。

（4）身体平衡

仰泳最注重身体的平衡。不同于其他三种泳姿，仰泳是没有参照物作为前进方向的，所以两臂用力的均匀及自己的感觉显得特别重要。

3．仰泳竞赛训练

设施装备

（1）基本设施

仰泳的基本设施与自由泳相同，需要有国际标准游泳池、分道线、自动计时系统、出发犯规召回线、出发台等。

（2）转身标志旗

除了这些，仰泳还需要仰泳转身标志旗，横穿泳池的旗绳应该悬挂在水面以上不低于1.8米、不高于2.5米的位置，距离每端池壁5.0米。

（3）辅助用品

游泳竞赛中不能带游泳圈等辅助用品，否则会犯规，应不带辅助用品，只用穿或带泳帽、泳衣、泳镜、泳裤就可以了。

训练方法

水上训练的原则是：先练打腿。训练打腿的方法很多，下面介绍几种最为简捷实用的。

（1）借助工具

①打腿

两手反握水槽，仰卧在水里，两腿自然向上踢水。达到一定熟练程度后，可借助救生圈在池中完成几个来回仰泳的打腿。

②头部

借助救生圈，目的是抬高头部位置。

③动作

挥打腿时，要注意体会动作：由大腿带动小腿，自然伸直向上踢水，脚尖绷直踢出。

（2）互相帮忙

①动作

可以平卧在水面上，让别人托住自己的头。两腿向上踢水，两手平行伸向髋关节，两侧手掌向外向下压水。

②要求

要求身体平衡，腿打得到水。

（3）逐渐适应

经过以上训练后对水已经适应，并有一定认识。此时，可试着让帮助者渐渐放手，自己游动。经过一两次这样的辅导，初学者基本上能自己浮起来并慢慢前进。

（4）划手训练

①节拍

能游起来了就应强调划手动作，训练方法是先在陆上训练划手，要求跟着 1 节拍～ 8 节拍划手，1 节拍～ 4 拍手向下向外压水，5 节拍～ 8 拍开始单臂划手，又一个 1 节拍～ 8 拍换一个手。

②下水

熟练后再下水训练，划水路线由大腿侧下方水下起手经空中在头上入水由屈臂抱水开始，以肩为中心，划到大腿侧下方为止。

③交替

刚开始在水下需要人配合，先还是保持高水位仰卧打腿，两手向下向外压水，当身体位置处于较高较平时开始下一个单臂划水。当身体位置又处于一个较高平稳状态时再划另一臂，划水路线相同。这样交替进行训练，就能逐渐掌握仰泳技术。

注意事项

（1）身体位置

身体位置，要强调身体自然伸直，仰卧在水中成较好的流线型，头部位置要高。

（2）学会放松

放松对初学者提升浮力大有好处，也易于动作学习。

（3）脱离保护

不要过早使初学者脱离保护。初学者往往容易产生怕水心理，增加学习难度。实践证明，过早脱离保护，只能欲速则不达。

问题对策

（1）过度紧张

①动作

可以让人托着自己的头，仰卧在水面，到池子中间游。

②方法

这时一定要注意让帮助者有意识抬高自己的头，保持脸部在较高的位置，手托头的力量相对大一些，这样会逐渐适应的。

（2）坐势游泳者

①动作

有的人由于胖或者紧张，臀部向下坐，躯干不能平卧水面上打腿，身体重心全部放在臀部；

②方法

这时要放松平卧，并做挟板训练打腿，把扶板放在头下用来抬高身体位置，或者把扶板放在臀部下面抬高下身位置，自然过度。

（3）自行车打腿

①动作

有的学生打腿时腿总是弯屈上下打水，称之为"自行车"打腿。

②方法

纠正方法是反握住水槽，仰卧水面，让别人抓住自己膝关节用力带动。进行正确打腿训练，训练时间要长点，强调伸直打腿。

4. 仰泳竞赛规则

基本规则

（1）竞赛项目

游泳分 4 种泳姿，竞赛设自由泳、蛙泳、蝶泳、仰泳、混合泳、接力（自由泳与混合泳）等 7 大项共 34 个小项。

（2）双腿蹬池

在仰泳竞赛中，选手在泳池内出发，抓住池壁上的扶柄，双腿蹬池壁出发。

（3）单手触发

仰泳必须单手触发池壁上的感应器。

（4）接力竞赛

①出发

在接力竞赛中，任何一名队员在其队友触壁 0.03 秒之前离开出发台，其所在队将被取消竞赛资格。

②选手

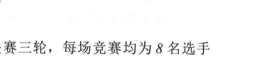

游泳竞赛分预赛、半决赛和决赛三轮，每场竞赛均为 8 名选手参赛。

③项目

400 米、800 米、1500 米和接力竞赛只进行预赛和决赛。

④泳道

每场竞赛中成绩最好的选手或队伍安排在第四泳道，其他选手和队伍按成绩优劣依次安排在 5 泳道、3 泳道、6 泳道、2 泳道、7 泳道、1 泳道、8 泳道。

（5）马拉松游

在新增的马拉松游泳项目中，选手在公开水域中集体出发。在竞赛中故意碰触其他选手,使用不良手段及借机获利将被予以黄牌警告。第二次犯规将被出示红牌,取消竞赛资格。

(6)竞赛号令

仰泳为水中出发。裁判长发出一长声哨音信号,参赛者立即下水,裁判长再次鸣笛,并即就正确出发位置,不得故意拖延,发令员即发出号令,当所有参赛者定位时即发出号令。

竞赛程序

(1)发令前

发令前,运动员面对出发端,在水中排成一线,两手抓住握手器。两脚,包括脚趾应处于水面下,禁止站在排水槽里或水槽上或将脚趾勾在水槽沿上。

(2)出发时

出发时和转身后运动员应蹬离池壁,除做转身动作外,运动员在整个游进过程中应始终呈仰卧姿势。仰卧姿势允许身体侧向转动,但必须保持身体与水平面的角度在90°以内。头部位置不受此限。

(3)游进中

在整个游进过程中,运动员身体的某部分必须露出水面。在出发及转身后,允许运动员完全潜入水中。但潜泳距离不得超过15米,在15米时运动员的头必须露出水面。

(4)转身时

在转身过程中,当运动员肩的转动超过垂直面后,可进行一次连续单臂划水或双臂同时划水动作,并在该动作结束前开始翻滚。一旦改变仰卧姿势,就不允许做与连续转身动作无关的打水或划水动作。运动员必须呈仰卧姿势蹬离池壁。转身时运动员身体的某部分必须触壁。

(5)终点时

在游至终点时,选手必须以仰姿触壁,允许身体潜入水中。

第三章

蛙泳运动的竞赛与裁判

1．蛙泳的基本概况

蛙泳概述

（1）概念

①游泳

蛙泳是竞技游泳姿势之一。"蛙泳"一词在英文里是胸泳或俯泳的意思。

②取名

蛙泳是身体俯卧水中，两肩与水面平行，依靠两臂对称向后划水，两腿向后对称蹬夹水面向前游进的姿势。整个动作与青蛙游水十分相似，所以取名为蛙泳。

③选择

绝大多数人学习游泳，并不以参加竞赛、追求速度为目的。多半是为了自身健康、娱乐、自救等因素，所以即便蛙泳是最慢的泳姿，但它有易浮、易辨别方向、易换气、让人有安全感等好处，一直是初学者的最佳选择，也是一种很值得大力推广的水中运动。

（2）项目

竞赛项目有男女 100 米、200 米等。

（3）特点

蛙泳的特点是游时省力、容易学，游动时动作全部在水下，声音较小，头部可以出水面呼吸，视野开阔。

（4）价值

蛙泳较省力、易持久，实用价值大，常用于渔猎、泅渡、救护、水上搬运等。

历史发展

（1）最初起源

①出现

蛙泳，是在古代民间蛙泳的基础上发展起来的。早在 2000 年～

4000 年前，在中国、罗马、埃及就有类似这种姿势的游泳。这种游泳姿势因俯卧在水面，划水与蹬腿动作酷似青蛙在水中游进，所以在中国一直称之为蛙泳。

②古典

最早的一种姿势，叫古典式蛙泳，两腿蹬水时，向两侧分开、伸直，然后向内夹水。游蛙泳时，身体姿势比较平稳，水的支撑面积大、动作省力、呼吸方便、能持久，适用于长时间、远距离游泳。

③应用

18 世纪末，在欧洲军事学校中已设有专门教授蛙泳的课程。*1875* 年 *8* 月，第一个被公认的英吉利海峡的征服者，便是用蛙泳横渡的。

（2）进入竞赛

20 世纪以前，蛙泳在竞赛活动中曾被广泛采用。但是后来一些速度较快的游泳姿势相继出现，人们则多用侧泳、自由泳参加竞赛。自 *1900* 年澳大利亚的爬泳出现后，在不分项目的竞赛中游蛙泳的人就更少了。*1904* 年第三年届奥运会为了使蛙泳与其他姿势的竞赛条件均等，把蛙泳作为一个独立项目进行竞赛。

从 *1908* 年第四届奥运会开始，男子 *200* 米蛙泳被列为正式竞赛项目。据记载，*1913* 年第一届远东运动会上，中国已派有蛙泳运动员参加竞赛。*1935* 年国际业余游泳联合会对游泳规则作了补充规定，允许蛙泳运动员从空中向前移臂。

（3）规则修改

1936 年国际业余游泳联合会对蛙泳规则作了补充，允许在蛙泳竞赛中采用蝶泳技术，于是蝶泳取代了蛙泳。在 *1948* 年第十四届奥运会上，*200* 米蛙泳决赛只有一人采用蛙泳。而 *1952* 年第十五届奥运会的蛙泳竞赛中，全部运动员都采用蝶泳技术。于是国际业余游泳联合会决定将蝶泳从蛙泳项目中分出来。从 *1956* 年第十六届奥运会起将蝶泳列为正式竞赛项目。

当时规则还允许蛙泳可以在水中潜游，由于在水下游进不受波

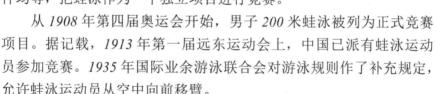

45

浪阻力影响，水平姿势好，阻力小，速度比水面蛙泳快。于是在 *1956* 年第十六届奥运会上，所有蛙泳运动员都以长臂的潜水蛙泳参加竞赛。

（4）再次修改

第十六届奥运会后，国际业余游泳联合会重新修改了蛙泳规则，取消潜水蛙泳，只允许在出发和转身后做一次长划水的潜泳动作，然后每个动作头部都要露出水面。于是水面蛙泳技术又得以恢复和发展，并重新规定了蛙泳世界纪录的标准。如男子 *100* 米蛙泳为 *1* 分 *13* 秒。*1957* 年中国运动员以 *1* 分 *11* 秒 *7* 的成绩首先打破了该纪录，从此以后又出现了宽划臂和窄划臂的蛙泳技术。

（5）现代蛙泳

现代竞技蛙泳，在欧洲开展较早，*20* 世纪 *50* 年代，许多欧洲国家都有过很好的成绩。*20* 世纪 *60* 年代，美国、前苏联多次打破世界纪录。德意志民主共和国、英国的实力也较强。现在男、女蛙泳 *4* 个项目的世界纪录为俄罗斯、德国、英国所保持。

设施装备

（1）基本设施

蛙泳的基本设施与其他游泳项目相同，需要有国际标准游泳池、分道线、自动计时系统、出发犯规召回线、出发台等。

（2）辅助用品

游泳竞赛中不能带游泳圈等辅助用品，否则会犯规，应不带辅助用品，只用穿或带泳帽、泳衣、泳镜、泳裤就可以了。

2．蛙泳技术流派

传统型

（1）技术流派

现代蛙泳技术流派之一。

（2）正规蛙泳

泛指身体姿势平稳，划臂动作平而宽，臂与呼吸动作的配合和臂与腿部动作的配合时机比较早，臂腿作用并重，配合协调紧凑，游速均匀的蛙泳姿势。它是海豚式蛙泳姿势问世以前，在国际上流传时间最长的水面蛙泳姿势的总称，故名传统型蛙泳。

（3）中国蛙泳

在中国，比较典型的传统蛙泳为"平航式蛙泳"。

美澳型

（1）基本概念

现代蛙泳技术流派之一。出现于 20 世纪 60 年代初，以美国运动员亚斯特列姆斯基的技术动作为代表，并且在美、澳相继盛行，成为当时世界蛙泳技术新潮流，故名。

（2）基本动作

它采用宽划臂和窄蹬腿，动作周期短，频率快，配合紧凑，打破了传统蛙泳以腿部动作为主要推进力来源的旧格局，而使世界纪录大幅度提高。

（3）主要特点

①划水效果明显

划水时采用屈臂高肘技术，使前臂和手掌尽早向下、向后划水，对水面增长，划水效果明显改善。

②特殊蹬腿技术

采用跪式鞭状收蹬腿技术，动作幅度小，频率快。运动员蹬腿时犹如在一根管子中游过，故又称"筒式蹬腿"。

③特殊技术结构

采取"晚呼吸""晚配合"的技术结构，游进时身体姿势较平稳，有利于加大划臂动作的牵引力。

④动作循环特色

臂腿动作紧凑，每个动作循环具有周期短、频率快，配合连贯的特点。

⑤技术意义重大

该技术的出现使现代蛙泳技术从强调腿的作用转向发挥臂的作

用，可以说是现代蛙泳技术发展史的转折点。

田口型

（1）基本概念

现代蛙泳技术流派之一。出现于 20 世纪 70 年代初，以日本运动员田口信教的技术动作为代表。

（2）主要优点

①摆动

采用高肘宽划臂结合窄蹬腿和鞭状动作，蹬夹结束时腰部略有摆动。

②推进

采用晚呼吸和晚配合，既发扬了美澳型蛙泳所具有的窄蹬腿、快频率的长处，又加强了臂的推进作用。

（3）主要缺点

①犯规

田口本人于 1972 年第二十届奥运会以此技术在男子 100 米蛙泳中夺得金牌，并把世界纪录改写为 1 分 4 秒 94。但由于在蹬腿时腰部略有摆动，易造成犯规。

②争议

此种游法当时曾经引起国际泳坛的争议，故流传不广。

欧洲型

（1）基本概念

现代蛙泳技术流派之一。出现于 20 世纪 70 年代，当时在欧洲各国盛行，尤其以前苏联，原民主德国和英国选手取得的成绩最佳，故名。

（2）主要特点

此姿势既保持了传统蛙泳身体平稳和强调腿作用的特点，又有如下变化。

①蹬水效果好

腿部的蹬水效果优于传统蛙泳。由于它强调充分收小腿，使脚跟紧靠臀部，并以此带动屈髋收大腿，形成了髋角约为 *140* 度～ *150* 度，两膝分开比脚稍宽，两脚外翻与身体呈直角的收腿姿势。使半弧形的蹬夹动作具有良好的对水面和弹簧式的作用，因而产生了强有力的推进效果。

②更具流线型

采用高肘抱水和不超过肩平线的小划臂动作，使上体位置比传统蛙泳略高，便于在平稳游进中自然换气，使身体姿势更具流线型。

③连续动作好

采取臂腿连续交替的配合方式，即伸臂动作未完成便开始划水，每个动作周期之间没有滑行，故动作连续。

海豚式

（1）基本概念

现代蛙泳技术流派之一。为 *20* 世纪 *70* 年代末 *80* 年代初出现的新技术。游进时身体起伏很大，臂腿配合时躯干出现的波浪状酷似海豚式蝶泳的鞭状动作，故名。

（2）动作特点

①收腿

身体位置随臂腿配合而上下起伏，两腿动作近似传统蛙泳，但收腿动作结束时，髋脚大于 *135* 度，小腿垂直于水平面，两膝间距与肩同宽或比肩略宽，蹬夹动作结束的同时做提臀动作，并用脚掌和小腿内沿向后下方鞭水。

②两臂

两臂动作与传统蛙泳相近，划水与夹肘动作紧密连接，收手后迅速前伸。

③效果

臂腿动作配合紧凑，由于蹬腿时借助身体的上下起伏做提臀和伸腿转踝绷足动作，形成类似于螺旋桨的急速半圆形鞭状蹬夹动作，很像海豚式蝶泳的鞭状打水，其推动效果大大优于传统蛙泳。海豚式蛙泳问世以后，世界蛙泳水平迅速提高。

波式

（1）基本概念

20 世纪 70 年代，出现了一种身体以波浪形前进的新式蛙泳技术，人们称之为"波式蛙泳"。最早采用这一技术的是 1992 年巴塞罗那奥运会男子蛙泳冠军巴罗曼和他的教练、波式蛙泳技术发明者匈牙利人纳吉。自国际泳联修改竞赛规则，允许蛙泳选手每个动作周期可没入水中一次后，波式蛙泳已经成为被各国选手广泛采用的标准蛙泳技术。

（2）主要特点

①手臂驱动

"波式蛙泳"与早期的"平式蛙泳"的最大不同处在于，"平式蛙泳"主要是依靠腿部动作做驱动，而"波式蛙泳"主要是靠手臂动作做驱动。从运动生物力学和流体力学角度分析，"波式蛙泳"的实效要好于"平式蛙泳"，因为"波式蛙泳"可以减少划手与收腿之间的减速时间。

②动作节奏

另外一个不同之处是，"平式蛙泳"的动作节奏是"划水—蹬腿"，而"波式蛙泳"的动作节奏则是"划水—前扑—蹬腿"。

③前扑动作

处于划水与蹬腿之间的前扑动作是"波式蛙泳"的明显特征：运动员在划水和开始伸臂时挺腰，在做前扑动作时拱背，此时两手和前臂在水面快速前伸。

④流线姿势

"波式蛙泳"在向前滑行时头部和上体都冒出水面，身体最宽部分的肩部露出水面以保持良好流线型姿势。为保持流线型姿势，运动员尽量耸肩，并使肩部尽量靠近耳部，将身体向前上方拉起进入前扑动作，并通过前扑时的拱背动作获得很大的推力。

⑤蹬腿时机

此外，"波式蛙泳"的蹬腿时机也十分关键，应在前扑动作进行 3/4 时开始蹬水。在一个完整动作周期中，髋部要尽量避免起伏，以节省体能和保持冲力。

（3）注意事项

波浪动作过大的运动员应注意以下几个方面。

①避免反弓

头和肩部上下动作幅度超过向前动作幅度时，属于波浪动作过大。在这种情况下，上体出水时，应避免背部出现反弓动作。

②出水部位

蹬水将结束时，臀部出水过高，属波浪动作过大。腿部下蹬时，臀部应露出水面，但出水部位不宜过大。

③入水深度

臂前伸时，如双手和头部入水过深，属波浪动作过大。双手和头部前伸过深会拖长手、头返回水面的时间，并浪费体力。臂前伸时，头部应稍入水，双手稍前下伸，以便双臂、上体和腿部保持直线下倾姿势。

3. 蛙泳技术动作

基本技术

（1）动作

蛙泳的基本方法是游进时身体俯卧在水中，两臂开始伸直，向两侧分开，然后向后屈臂加速划水，至两肩侧面的延长线前结束。接着两手在胸前会合，再向前伸出。

（2）要领

两腿的动作是由两侧向后呈半弧形加速蹬，而后伸直、并拢、回收。在收腿即将结束时，将小腿和脚向两侧翻出，形成向后蹬水的阻力面，再开始蹬腿。在竞赛中，一般采用蹬腿 1 次、划臂 1 次、呼吸 1 次的配合方法。

技术演变

（1）重视腿部

多年来，蛙泳技术经历了不少变化。20 世纪 50 年代初，盛行潜水蛙泳，它对臂力较强、腿力较弱的运动员有利。后来改为水面蛙泳，这时很重视腿的作用。许多运动员，特别是女子，主要靠腿的推进动力。

（2）重视臂部

由于运动技术的发展，手与腿的作用也在不断变化。对这方面的理论探讨至今还在继续。但是，从技术发展看，臂的作用正在加强，腿的动作幅度缩小了。这种技术变化，可以减少阻力，有利于提高动作频率。

（3）最新技术

高肘划水是提高臂部划水效果的新技术。这种技术是在两臂向后划水时肘关节保持较高的位置，使小臂与大臂之间构成理想角度，形成小臂对水的截面，从而获得更好的划水效果。目前世界上优秀运动员已广泛采用这种技术。

腿部动作，在 20 世纪 50 年代主要是通过加大大腿的工作距离来获得前进动力。现代蛙泳的腿部动作是少收大腿，充分发挥小腿的作用，在收腿结束时，脚后跟尽量靠近臀部。

技术环节

蛙泳的技术环节分: 蛙泳身体姿势、蛙泳腿部技术、蛙泳手臂技术、蛙泳呼吸技术、蛙泳转身技术和蛙泳配合技术。

身体姿势

蛙泳在游进之中，身体不是固定在一个位置上，而是随着手、腿的动作在不断地变化。

当一个动作周期结束后，身体应展胸、稍收腹、微弯腰，两腿并拢，两臂尽量伸直，颈部稍紧张，头置于两臂之间，眼睛注视前下方。整个身体应以身体的横轴为轴做上下起伏的动作。

腿部技术

蛙泳的腿部动作是推动身体前进的主要动力之一。它的主要动作环节可分为收腿、翻脚、蹬夹水和滑行四个阶段，这四个环节是紧密相连的完整动作。

（1）收腿

①配合

收腿是为了翻脚、蹬水创造有利的位置，同时既要减少阻力，又要考虑到手腿配合因素的需要。

②开始

开始收腿时，两腿随着吸气的动作，自然放下，同时两膝自然逐渐分开，小腿向前回收，回收时两脚放松，脚跟向臀部靠拢，边收边分。收腿力量要小，两脚和小腿回收时要收在大腿的投影截面内，以减少回收时的阻力。

③结束

收腿结束后，大腿于躯干约成 120 度～140 度角，两膝内侧大约与髋关节同宽。大腿与小腿之间的角度约为 40 度～45 度，并使小腿尽量成垂直姿势，这样能为翻脚、蹬水做好有利的准备。

（2）翻脚

①动作

在蛙泳腿的技术中，翻脚动作很重要，它直接影响到蹬水的效果。收腿即将结束时，脚仍向臀部靠近，这时膝关节向内扣，同时两脚向外侧翻开，使脚和小腿内侧对好蹬水方向，这样能使对水面加大，并为大腿发挥更大力量作好积极准备。

②事项

收腿与翻脚、蹬水是一个连续的完整动作过程。正确的翻脚动作是在收腿未结束前就已开始，在蹬水开始完成。如果翻脚后，腿稍有停滞，则会破坏动作的连贯性并增大阻力。

（3）夹水

①动作

蛙泳腿部动作效果的好坏，完全取决于蹬夹水技术的正确与否。蹬水首先应由大腿发力，先伸髋关节，这样使小腿保持尽量垂直于水的有利部位，向后做蹬夹水的动作，其次是伸膝关节和踝关节。蹬夹水的动作实际是一个连续的完整动作，只是蹬水在先，夹水在后。实际上在翻脚的动作中，两膝向内，两脚向外已经为蹬夹水固定住唯一的方向。

②事项

蹬夹水效果的好坏不但取决于腿部关节移动的路线和方向，以及蹬夹水是对水面积的大小，最主要的是取决于两腿蹬夹水的速度和力量的变化，蹬夹水的速度是从慢到快，力量是从小到大的。

（4）滑行

蹬夹水结束后，脚处于水平面的最低点，这是身体随着蹬水的动力向前滑行，腰部下压，双脚接近水面，准备做下一个循环动作。

手臂技术

蛙泳手臂划水动作可以产生很大的推动力，掌握合理的手臂划水技术，并且使之与腿和呼吸动作协调配合，能有效地提高游进速度。它的主要动作可分为开始姿势、滑下、划水、收手和向前伸臂几个阶段，这几个阶段也是紧密相连的完整动作。

（1）开始

两臂应自然向前伸直，并与水面平行，掌心向下，手指自然并拢，身体成一条直线，形成较好的流线型。

（2）滑下

①动作

滑下从开始姿势起，手臂先前伸，并使重心向前，同时肩关节略内旋，两手掌心略转向外斜下方，并稍屈手腕，两手分开向侧斜下方压水，当手掌和前臂感到有压力时，就开始划水。

②事项

抓水动作一方面能给划水创造有利条件，另一方面还能造成身体上浮和前进的作用。抓水的速度，根据个人水平的不同而不同，水平较高者抓水较快，反之则慢。

（3）划水

①动作

划水当两手做好抓水动作、两比分制成大约40度角～45度角时，手腕开始逐渐弯曲，这时两臂两手逐渐积极地做向侧、下、后方的屈臂划水动作。划水时，手的运动应该分为两个部分，前一部分：手向外、向下、向后运动，水流从大拇指流向小拇指一边。后一部分：手向内、向下、向后运动，水流从小拇指流向大拇指一边。

②事项

在划水中，前臂和上臂弯曲的角度是在不断地变化，其标准是以能发挥出最好的力量为准则。在整个划水过程中肘关节的位置都比手高。手运动的路线，不应到肩的下后方，而应在肩的前下方。其速度是从慢到快，至收手时应达到最快速度。

（4）收手

①动作

收手是划水阶段的继续。收手时，收的运动方向为向内、向上、向前。手的蛙泳手臂姿势迎角大致为45度。由于前臂外旋，掌心逐渐转向内。收手动作应有利于做快速向前的伸手动作，并且肘关节要有意识地做向内夹的动作。当手收至头前下方时，两手掌心时由后转向内、向上的姿势，这使大臂不应超过两肩的横向延长线。

②事项

在整个收手动作过程中，手的动作应积极、快速、圆滑，收手结束时，肘关节应低于手，大、小臂的角度小于90度。

（5）伸臂

①动作

向前伸臂是由伸直肘关节、肩关节来完成的，掌心由开始的向上逐渐转向内，双掌合在一起向前伸出，在最后结束前逐渐转向下方。

②事项

整个臂部的动作路线无论是俯视或仰视都是椭圆形的，并且是一个连贯和力量从小到大，速度从慢到快的完整过程。

（6）要求

①路线

蛙泳整个划水路线，近似"桃形"的轨迹。

②方向

划水方向是向侧、下、后、内、前方。

③力量

划水力量是由小到大。

④速度

划水速度是由慢到快。

⑤连贯

特别强调内划至前伸段中间不能有停顿，动作必须是连贯，一气呵成。

呼吸技巧

（1）基本要求

①方法正确

在进行蛙泳完整配合训练前，必须熟练掌握正确的呼吸方法，才能在短暂的时间内完成吸气过程。其方法是：呼气要由小到大，逐渐加大呼气量，口部一露出水面，立刻用力把气吐完，并用口快而深地吸气，呼与吸之间无停顿。

②动作合理

蛙泳的腿部动作是推动身体前进的主要动力。由于两腿在蹬夹水并拢时，腿有向下压的动作，此动作既能使身体上升，又有利于滑行，使身体在水中处于较合理的位置，可以直接影响到呼吸过程完成的好坏。

所以需要注意以下几点。

收腿时

脚踵向臀部靠拢，脚掌外翻，使小腿处于垂直部位，加大对水面积。

蹬夹水

速度要快，一定到蹬到位，即两腿、两脚靠拢。

③配合适当

调整身体在水中的位置。利用两次至多次腿部动作结合一次手臂动作、一次呼吸的配合训练。主要是利用两次甚至多次腿部动作来调整蹬夹水后身体在水中位置偏低的问题，使初学者尽快掌握呼吸方法，减轻其心理压力，而后再进行一次呼吸、一次手臂及一次腿部动作的正确配合训练。

④吐尽吸满

在进行完整呼吸配合训练时，要求训练者闭气滑行，滑下时开始吐气，并逐渐加大呼气量，口部一露出水面，立刻用力把气吐完，在不停顿的情况下，快而深地用口吸满气。训练中，不过多地强调用早吸气或是晚吸气的方法，而是强调吐尽、吸满。

（2）常见错误

①动作模糊

蛙式的呼吸概念、技术动作模糊。头脑里没有正确的蛙式映射，在蛙泳时表现为脸部不敢入水，抬着头游，在水面上呼吸，常常会呛水或喝水。

②呼吸不畅

蛙式呼吸不够充分，游水时虽然能把头部露出水面，但吸气不足，在水里没有吐气，或抬头出水面后既吸气又呼气，造成蛙泳呼吸节奏紊乱而不能充分完成呼吸任务。

③过度紧张

心理过度紧张而造成身体整体动作不协调，害怕呛水。游泳时表现为身体起伏动作特大，手臂来不及划水就急急忙忙地把头露出水面吸气，常常被迫喝水。

④配合不够

呼吸与身体动作不协调，表现为游水时只能做单纯的呼吸，手臂和尾却停止了动作，或闭着眼睛抬头，为了确定方向和跟前的水位而停止游动。另外，身体动作协调，但不会换气，游水时表现为低头闭气或头潜水过低，露不出水面做换气动作。

⑤概念错误

蛙式泳的动作概念错误，不能使身体水平俯卧于水面，单掌手臂把身体提高于水面。表现为颈部僵硬，头怕潜水而一直强露出水面，使整个身体呈斜竖卧状态。

⑥动作盲目

手臂与腿的动作出现盲目性，失去了蛙式游泳的节奏感。潜水时的表现是双腿已经蹬伸直，双手也已划至身体的两侧，但头部仍然不能露出水面，或头刚开始抬起，迫使在水画上做急忙的呼吸。

转身技术

（1）规则

①动作

竞赛规则规定，蛙泳转身时，两手应在水面、水上或水下同时触壁，触壁前两肩应与水面平行。同时限制运动员在转身后只能在水中做一次臂、一次腿的潜泳动作。

②要求

由于规则要求严格，所以蛙泳转身动作速度要比其他泳式稍慢些。

③方法

转身方法通常只用抬头吸气转身法。

（2）触壁

运动员在最后一次蹬腿结束、不减速地游近池壁，两臂前伸，在正前方高于身体重心的地方，右手在上、左手在下，两手相距 0.15 米左右，手指朝左斜上方触壁。

（3）转身

触壁后，全手掌压池壁，随着惯性屈肘、屈膝团身，同时身体沿纵轴向左侧转动，并抬头吸气，左手离开池壁在水中随着身体向左侧转动并逐渐向左前伸。当身体转至侧对池壁时，头向前进方向甩，并低头入水，右臂推离池壁，从空中摆臂，同时提臀使两脚触臂，两手经额下前伸，两腿弯曲准备蹬壁。

（4）蹬壁

两脚掌贴在水面下约 0.4 米处，两臂向前伸直，头夹在两臂之间，然后用力蹬离池壁。

（5）滑行

蹬壁后，身体成流线型滑行，当速度减慢到正常游泳速度时，两手开始长划臂至大腿两侧稍停，滑行速度稍慢时，开始收腿和两手贴近腹、胸、颏下前伸，当两臂伸直夹头时，蹬腿、滑行，两臂开始第二次划水时，头露出水面。

配合技术

（1）臂腿配合技术

①影响

蛙泳技术中，臂腿配合是很重要的，较自由泳、仰泳复杂，如果配合不协调，将直接影响到臂、腿动作的效果和快速前进的均匀性、协调性。

②动作

当前大多数运动员采用的腿臂配合技术臂划水时，腿保持放松或伸直姿势。特别是在收手时腿放松并自然屈膝。当吸完气手向前伸约2/3 部位时，急速做收腿和快速的蹬腿。即在伸手时做收蹬动作，这一配合技术能使手划水有效部分于腿蹬水有效部分紧密地配合起来。

③提高

由于快速收腿动作会产生一定的反作用力，但却有利于臂紧密地配合，同时能够更好地发挥臂的作用，从而提高了进的速度。

（2）呼吸与臂配合

配合形式

蛙泳臂与呼吸配合有早吸气和晚吸气两种形式。

①早点吸气

早吸气是两臂划水开始时抬头吸气，收手时低头屏气，两臂前伸时逐渐呼气。早吸气其吸气时间长，对初学者来说较容易掌握。

②晚点吸气

晚吸气是两臂内划时吸气，内划结束吸气也完成了。两臂前伸时屏气，向外划水时呼气。晚吸气其吸气时间短，但完整配合连贯、紧凑，有利于力量的发挥，对提高成绩有明显的优势，为运动员所采用。

③一般方法

蛙泳呼吸是与臂的动作配合进行的，一般都采用晚呼吸，往往当两臂内划至夹时，随上体的抬起，头自然露出水面，即可张口吸气。然后随着臂的前伸，头自然浸入水中。稍闭气后，再慢慢呼出。

④吸气过程

手臂滑下（抓水）的同时，开始逐渐抬头，这时腿保持自然放松、伸直的姿势。手臂划水时，头抬至眼睛出水面，腿还是不动。只有收手时才开始收腿，并稍向前挺髋，这时头抬至口出水面，并进行快速、有力的吸气。

⑤呼气过程

伸手臂的同时低头，用鼻或口鼻进行呼气，并且在手臂伸至将近 1/2 处时，进行蹬夹水的动作，之后，让身体伸展滑行一段距离，蹬速度降低时进行第二个周期的动作。

⑥注意事项

在蛙泳的游进过程中，一般都是一个周期一次呼吸，这样有利于肌体的有氧供应，从而降低疲劳速度。需要注意，在抬头吸气前，必须要将体内的废气全部吐完，这样才能吸进新鲜氧气。

（3）完整配合动作

①呼吸

蛙泳臂、腿、呼吸的完整配合。一般为一次划臂、一次蹬腿、一次呼吸，但也可以两次至三次臂腿动作呼吸一次。

②水平

运动员在身体接近水平时，头部约 80% 沉于水中，脸微微向前，双臂伸展，掌心向外侧。

③划动

捉水动作在水下约 0.2 米～0.3 米处开始，双手做侧面的划动，在这时开始呼气动作。

④屈曲

双臂没有明显的屈曲，继续地划向外侧，呼气继续增加。

⑤旋转

当运动员头部开始微微向上，肘关节开始屈曲，上臂开始旋转。

⑥肘屈

当双臂到达最大的宽度，肘屈约 110 度，这时肘姿势是明显的。

⑦推进

头部继续上抬，当嘴部露出水面，最后呼气完成，双手开始向内以完成最后的推进动作。

⑧回腿

当双臂准备向后，吸气开始，肘部不要拉到肋骨下，膝关节开始屈曲，回腿动作开始。

⑨伸展

嘴部闭上，吸气完成，双足被带向臀部，肘关节继续伸展，双臂继续向前移动。

⑩继续

回腿动作继续进行。

⑪回手

颈部屈曲，头部继续向下倾斜。双足背屈，双腿开始向后推水动作，双臂回手动作。

⑫划臂

双足推向后并开始并拢。运动员这时闭气，直至另一划臂动作开始。

⑬循环

双臂完全伸展，双手稍低于肩膊水平，双腿蹬水接近完成。当运动员完成蹬水，并集中使身体成为一条直线。他将保持这滑翔姿势短暂的时间，然后当他感觉速度减慢，另一划臂动作循环开始。

提速技巧

（1）基本技巧

蛙泳是4种泳姿里游进速度最慢的一种，这是因为蛙泳的臂前伸和收腿都在水下进行。伸臂和收腿不但不产生推进力，还产生阻力。而蛙泳的划臂距离较短，作用于水的距离短，产生的推进力小。那么如果运动员要想提高蛙泳速度，应从以下三个方面着手。

①阻力

减小前进阻力。

②效率

提高推进效率。

③时机

掌握臂腿配合时机。

（2）减小阻力

采用正确的身体姿势，就是尽量减小前进方向的身体投影面积。具体做法是以下几点。

①拉起上身

划臂时把上身拉高，使阻力面最大的肩部出水。此时要弯腰，即利用腰部力量把上身拉起，以防止腿立起来加大阻力面。

②拉高体位

如果身体拉得够高的话，手从水面上快速前伸，能有效地减小因伸臂造成的阻力，并且体位较高时势能最大，即我们俗称的前冲力也就大。

③学会钻水

头部上升到最高点时，要主动低头、耸肩、弓背钻入水中，不能用脸、胸部砸入水中，迅速前伸臂，让头、胸藏在两臂之间，两臂呈船头状减少阻力。收腿时大腿少收，小腿多收，收时小腿躲在大腿后面，不要超出大腿投影范围。

（3）提高效率

推进效率取决于：水面积、划水距离、划水速度。

①水面积

对水面积当然是越大越好。对划臂来说就是手掌面积加上胳膊内侧的面积。开始抱水时先屈腕后屈肘，保持高肘划水状态。高肘的目的就是保证胳膊的最大对水面积。蹬腿时的对水面积主要是小腿内侧加脚的内侧，大腿也有一些，但很少。解决的方法是增大膝、踝关节的柔韧性，可做如下训练：两膝相距 0.2 米跪在地毯上，两脚成翻脚姿势，屁股下压。如屁股能轻松着地，就说明柔韧性可以了。

②划水距离

划水距离长产生的推进力也大，但蛙泳的划臂距离不能长，因为它是水下移臂的。划臂距离长伸臂也长，伸臂要产生向后的推进力，所以加长划臂距离不合算，规则也不允许，划臂应手不过肩。蹬水距离要靠多收小腿、充分翻脚来加长。

③划水速度

划水速度快则效果好，但发力方法不同于陆上，不能用爆发力，所有的发力过程都是由小至大，由慢渐快，不可一下手就猛划狠蹬。

（4）掌握时机

蛙泳通过臂腿相互交替运动产生向前的推进力，因此，臂、腿配合时机是十分重要的。配合得好，游速均匀效果好；配合得不好，出现减速效果差。臂划水时腿伸直放松，收手时收腿，臂将伸直时开始蹬腿，接着臂腿伸直滑行。

4. 蛙泳入门训练

腿部动作训练

腿部动作是蛙泳技术中最重要的部分，学习蛙泳需要从陆上腿部动作做起。具体方法为以下几点。

（1）陆地训练

①首先坐在地上或凳上，躯干后仰，双手撑地。双腿并拢伸直，稍抬起双腿，深吸一口气屏息。将双腿慢慢收回，膝关节同时外分，收腿开始时脚掌稍外翻。

②其次屈髋、屈膝，双腿收紧靠近臀部，接着不停顿地向后方蹬腿、并拢，同时口、鼻呼气，蹬水时用力点落在分开的双脚脚掌上。蹬水前半部脚掌与身体纵轴垂直，结束时两脚掌像鞭打一样快速伸直，双腿伸直后间歇一下。呼气要快，动作要连续。

③最后俯卧在长凳上，中速和慢速模仿蛙泳腿部动作。

（2）入水训练

①首先入水。水深齐腰，深吸一口气，俯卧于水中，脸入水，臂前伸。收腿同时两膝分开与肩同宽，脚掌沿水面收回。接着双脚应对称有力向后下方做半圆形的加速蹬水至动作结束，两腿并拢。做这个动作时，脚掌和脚内侧向后蹬夹水，蹬水结束后，双腿动作稍停，运动员靠加速度在水面滑行。

②其次抬头出水训练腿部动作。蹬池壁或池底滑行，双臂前伸，抬头使口露出水面，做蛙泳腿部动作。注意双臂前伸不要过深，腿部动作除并拢时外，要做得平稳。

③最后池边抓扶手或扶同伴做蛙泳腿动作。双臂前伸扶板做腿部训练。

臂部动作训练

掌握腿部动作之后再进行臂部动作学习，正确的臂部动作是蛙泳必不可少的组成部分。学习方法可采用以下几点。

（1）陆地训练

①首先陆上站立，体前屈，双脚分开与肩同宽，抬头，双臂前伸。两臂对称外分，稍向下划水，手掌外转，手腕微屈，这便于手掌更早对水。

②其次双臂一开始划水，头顺势抬出水面，深吸气。

③最后抬头动作不要过猛，划臂动作不要超过肩线。屈肘，双手做一圆形经胸下前伸，呈预备姿势，伸手同时用口、鼻做深呼气。

（2）水中训练

①首先站立在齐腰深的水中，俯卧，臂前伸。

②其次吸气后屏气，稍屈腕，手掌向外、向下用力划水，应对水有支撑感。

③最后屈肘继续划水，双方划至胸前逐渐接近，手掌转向躯干，然后双臂前伸，呈划水开始姿势。注意划水过程中双臂不应露出水面。

（3）蹬边滑行

头在水面上学习臂部动作，蹬边滑行，屏息抬头前视。连续做几次划臂动作，注意不要屈腿。

蹬边滑行，进一步改进臂部动作。

呼吸辅助训练

（1）陆地呼吸训练

①训练

陆地上训练蛙泳呼吸的技术动作。

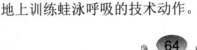

②方法

低头，身体稍前斜，两臂曲肘摆平，反复做埋头、抬头的起伏训练，抬头用嘴吸气，低头闭气后用嘴、鼻慢慢吐气的训练。

（2）陆地配合训练

①训练

陆地上的蛙式呼吸与肢体协调配合的重复训练。

②方法

当吸气时下颏露出水面，肩部升起。腿部依次做收腿、翻腿的动作。臂部依次自然向前伸直做蛙式的开始姿势和划水、收手和向前伸臂的动作训练。

（3）熟悉掌握水性

可以用个人、小组或集体的拉链形式在肚脐以下的水位行走，可侧向走、走交叉步、后退走、旋转走；各个方向的跑、跳、转体、跃起、下沉等方式，为今后的学习奠定基础，让身体对水有亲切感。

（4）巩固提高呼吸

①训练

巩固与提高呼吸和身体的协调性训练。

②方法

可在浅池中扶池壁做闭气训练，即深吸一口气后把头部潜入水中憋气，憋气的时间要逐渐加长。当头从水里露出吸气时，头不宜过高，两眼要睁开，在水里多做吐气缓慢的反复训练。

（5）浮体滑行训练

①训练

在浅池多做浮体训练及滑行训练。

②方法

还需多做抱膝浮体和展体浮体训练，滑行训练有多种形式，如蹬池底滑行、蹬池壁滑行等训练，要求滑行时身体保持适度紧张、平衡和适当延长闭气的时间。

完整配合训练

分解学习的最终目的是更好地配合，只有把各部分动作有机结合起来才能达到最佳效果。蛙泳臂腿与呼吸的配合应连贯、流畅、有效。训练方法可采用以下几点。

（1）水中臂腿配合动作

①首先蹬边滑行，脸入水，屏息，臂划水，开始划水是收腿，然后双臂前伸、并拢、脚蹬水。臂、腿伸直后在水面滑行3秒～4秒后再重复上述动作。做2次～3次后，休息片刻，继续训练。

②其次然后重复上一训练，但头要抬出水面。

③最后再重复上一训练，要交替做抬、低头动作。划水时头抬出水面，收手、蹬腿时头入水。

对初学者来说，要强调伸直胳膊再蹬腿，且慢收快蹬。关于蹬腿后的滑行，滑得越长速度越慢，快速游是不滑行的，甚至有人腿还没蹬直就开始划臂，这叫臂对腿的超前式配合。

（2）臂的动作与呼吸配合

①首先双臂前伸滑行，头略抬出水面。

②其次臂前伸时脸入水，口、鼻均匀、用力吐气，之后慢抬头，开始划臂利用划臂产生的作用力抬头，大张嘴、快吸气。

③最后注意吸气不要太晚，在划臂阶段完成吸气。

（3）蛙泳完整动作配合游

①首先滑行，双腿伸直，双臂前伸，呼气入水之后开始向后下方划水，抬头快吸气，双臂接近肩线时开始收腿。

②其次臂前伸，蹬水时屏息，双臂结束前伸，腿并拢时呼气入水。

③最后连续训练，尽量远游。

（4）水中训练注意的事项

①所处位置

在蛙泳完整配合训练时，两臂开始做动作前，人体、尤其是头部在水中所处的位置，对于初学者来讲具有非常重要的意义。滑行中若身体位置较高，口部距水面较近，则完成呼吸时，训练者的口部就能比较容易地露出水面，可以在水面上获得较长的时间来完成吸气过程。这样，对初学者心理上会起到一定的稳定作用，有利于完成吸气过程。

反之，此时若身体位置较低时，口部露出水面时所需的时间就较长，那么，口部在水面上停留的时间也就会相应地减少。这样，对初学者的心理上从吸气动作的完成上均会产生不利的影响。

②吸气动作

在蛙泳完整配合初期，强调慢频率、低游速、小划臂，有明显的滑行与滑下动作。据有关资料显示，人体在水中深吸气时的比重约为 *0.96～0.99*，呼气时增至 *1.02～1.05*。因此，滑行时闭气有利于身体上浮，而滑行时呼气，则可能造成身体下沉，不利于吸气动作的完成。

总之，训练者在完成呼吸配合时，身体在水中所处的位置高低，将直接影响到其心理及完成呼吸的质量。在蛙泳呼吸配合训练中一定要充分重视这一点。

5. 蛙泳竞赛规则

保持俯卧姿势

（1）水面平行

蛙泳的出发和每次转身，从第一次手臂动作开始，身体应保持俯卧姿势，两肩应与水面平行。

（2）水下游动

在开始和转身阶段，运动员在水下游动时，手和脚分别只能做一次划水和踢腿动作。

双手同时触壁

（1）水平位置

蛙泳每一个转身和达到终点时，两手应在水面、水上或水下同时触池壁。两肩应保持水平位置。这一条应引起每一个学习游泳的人知道并养成习惯。

（2）注意事项

在一些学校竞赛中，蛙泳转身和到达终点触池壁犯规者甚多，一些人往往急于触边而忽视了手的位置。你追我赶、拼来拼去拼到终点，因为对规则不理解又没有建立良好的规则意识而触犯规则，造成该项目竞赛被取消。所以再次强调蛙泳的每一个转身和到达终点时必须是双手同时触壁。

头部要露出水面

（1）头露水面

在每个以一次划臂和一次蹬腿顺序完成的完整动作周期内，运动员头的某一部分应露出水面。

（2）没入水中

只有在出发和每次转身后，运动员可在全身没入水中时，做一次手臂充分地向后划至腿部的动作和一次蹬腿动作，但在第二次划臂至最宽点并在两手向内划水前，头部必须露出水面。

禁止海豚腿动作

（1）交替动作

两肩和两腿的所有动作都应同时并在同一水面上进行，不得有交替动作。

（2）向下打动

现代蛙泳技术的发展，有些运动员在收腿和蹬腿时，充分利用腰腿力量，收腿时大、小腿成波浪往上抬，蹬腿时利用腰部力量往下压。这一规则主要是限制蹬蛙泳腿时打类似海豚腿的动作。在观察这个动作时，主要看运动员的两脚有没有向外翻和有没有做海豚样的向下打动。

（3）鞭打动作

利用腰腹力量产生向上的鞭打动作，并没有违反现行规则的规定。

注意手肘的位置

（1）不露水面

在蛙泳游进过程中，两手应同时在水面、水下或水上由胸前伸出，并在水面或水下向后划水，除最后一个动作外，在手臂的完整动作中，两肘不得露出水面。

（2）不超臂线

除出发和转身后的第一次划水动作外，两手向后划水不得超过臂线。

第四章

蝶泳运动的竞赛与裁判

1. 蝶泳的基本概况

由来

（1）起源

1924 年—1933 年，蛙泳最大的改革是划水结束后两臂由水中前移改为由空中前移，但仍采用蛙泳的蹬夹动作，出现了蛙泳的变形——蝶泳。1936 年国际游联对蛙泳规则作了补充，允许在蛙泳竞赛中采用蝶泳技术，于是蝶泳取代了蛙泳。在 1948 年第十四届奥运会 200 米蛙泳竞赛中，只有一人采用蛙泳技术。直至 1956 年奥运会才把蝶泳和蛙泳分开，作为独立项目进行竞赛。

（2）发展

蝶泳与蛙泳分开后，蝶泳技术得到了很快的发展。1953 年 5 月 31 日匈牙利运动员首先创造了蝶泳世界纪录，他的技术动作是 1 个周期内打 3 次腿。

至 20 世纪 60 年代蝶泳形成了三种技术类型：一是两臂宽划水，打一次腿，拖一次腿；二是窄划臂，第一次打腿重，第二次打腿轻；三是高肘划水，臂划水路线成钥匙洞形，二次打腿均较重，有效划水路线长，目前许多优秀运动员都采用这种技术。这种游法以 1972 年第二十届奥运会 100 米、200 米蝶泳世界纪录创造者 M. 皮茨的蝶泳技术为代表。

（3）变种

①增加

为了使蝶泳技术得到迅速改进和提高，在蝶泳规则中增加了可以在垂直面上进行上下打腿的规定，这样就为蝶泳的变种海豚泳参加正式竞赛提供了依据。

②模仿

海豚泳是以模仿海豚的游泳动作而得名。海豚有半月形的尾鳍，

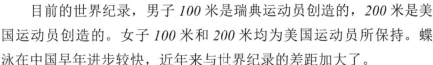

游进时利用躯干和尾鳍做上下的波浪动作来推动身体前进，游速很快。

③最快

蝶泳的打腿速度是竞技游泳中最快的一种，它的双臂划水力量也是竞技游泳中最大的一种，如果它的运动成绩再迅速提高，就可能取代自由泳而成为世界上最快的游泳姿势。

④不足

但它至今还未能超过自由泳，原因可能是它的推进力量与自由泳相比还是不均匀。两臂同时划水，虽然能产生很大的推进力，可是在移臂时速度迅速下降，这种不均匀的前进速度，必然会消耗更多的能量，影响运动成绩进一步提高。

（4）现状

20世纪50年代以来，美国、匈牙利、日本、澳大利亚、德国、瑞典等国的蝶泳成绩比较突出。

目前的世界纪录，男子100米是瑞典运动员创造的，200米是美国运动员创造的。女子100米和200米均为美国运动员所保持。蝶泳在中国早年进步较快，近年来与世界纪录的差距加大了。

概念

（1）名称

蝶泳是游泳项目之一，蝶泳技术是在蛙泳技术动作基础上演变而来的。当蛙泳技术发展到第二阶段时，也就是1937年—1952年，在游泳竞赛中，有些运动员采用两臂划水到大腿后提出水面，再从空中迁移的技术，从外形看，好像蝴蝶展翅飞舞，所以人们称它为"蝶泳"。

（2）泳姿

蝶泳是4种竞技游泳姿势中最后发展起来的泳姿

（3）别名

由于它的腿部动作酷似海豚，所以又称为"海豚泳"。

特点

（1）身体姿势

海豚泳没有固定的身体姿势，以腰为中心，躯干和腿做有节奏的上下波浪摆动。头部和肩部相对稳定，只是吸气时头才抬出水面，接着又潜入水中。

（2）波浪打水

①方法

海豚泳的波浪式打腿似乎与别的泳式打腿差别很大，可实际上它与爬泳打腿有很相似的地方，都是直腿向上，大腿带动小腿和脚屈腿向下的鞭状打水。不同之处是海豚泳是两腿并拢同时动作，并加上腰的带动。

②动作

身体俯卧在水中，两腿伸直再向上，大腿开始下压，两膝跟着弯曲，屈膝程度进一步增加，使脚抬得靠近水面，臀部正常到最低点。接着提臀开始向下打水，这时打脚产生的推进力最大，应用力加速进行；当两膝伸直时，向下打腿结束。然后，臀部又下沉，两脚伸直向上，开始第二个周期的打水。

（3）双臂划水

蝶泳臂的动作可分为入水、划水、出水和移臂四个部分。

①入水

两臂经空中向前再移后，在头前与肩同宽，手稍外翻斜插入水。

②划水

臂入水后向外侧方屈腕抓水、再转向内侧形成屈臂高肘姿势、这时臂在肩下、上臂、前臂和手处于向后对水的有力划水面、然后进一步加屈臂、不停顿地在躯干下用力加速划水、直划到髋部两侧。

③出水

划水结束，利用推水的惯性提肘带动整个手臂出水，并向前移臂。蝶泳的移臂对肩关节的灵活性要求很高,肩关节灵活性好,移臂就轻松。

（4）身体配合

①蝶泳的完整配合

划一次手,打两次腿,手臂抓水时腿向上,当两臂划至肩下时,打第二次腿,臂划水与第二次打腿同时结束。

②臂与呼吸的配合

臂划至肩下时头随上体抬起,利用推水与第二次打腿的合力,伸颈抬头吸气,臂移至肩侧时结束吸气,臂入水时头也跟着入水,同时打第一次腿。

2. 蝶泳技术动作

技术组成

蝶泳身体姿势、蝶泳腿部技术、蝶泳手臂技术、蝶泳配合技术。

身体姿势

（1）无固定姿势

蝶泳时,身体俯卧在水中,依靠两臂强有力的划水和腿的波浪形打水动作推动身体前进,没有固定的身体姿势。

（2）要变化位置

蝶泳的身体姿势与其他泳姿不同,它没有固定的身体位置。在游进中躯干各部分和头不断改变彼此间的相对位置。头和躯干有时露出水面,有时潜入水中,形成波浪形式上下起伏的变化位置。

（3）有节奏摆动

蝶泳在游进中,是以腰际为中心,躯干和腿做有节奏的摆动,发力点在腰腹部。然后以大腿带动小腿,两腿一起做上下的鞭状打水动作。而这些动作与头和臂部的动作紧密联系在一起,形成蝶泳所特有的波浪动作，因此，前进时身体的阻力较小。

腿部技术

（1）两腿并拢

蝶泳打水时，两腿自然并拢，脚跟稍微分开成"内八字"，当两腿在前一划水周期向下打水结束后，两脚处于最低点，膝关节伸直，臀部上抬至水面，髋关节屈成约160度。

（2）两腿上移

然后两腿伸直向上移动，髋关节逐渐展开，臀部下沉。当两腿继续向上时，大腿开始下压，膝关节随大腿下压，动作自然弯曲，大腿继续加速向下。

（3）两脚打水

随着屈膝程度的增加，脚抬至接近水面时，臀部下降到最低点，膝关节弯曲成约110度角～130度角时，脚向上抬至最高点，并准确向下后方打水。

（4）小腿推水

当脚向下打水时，踝关节放松，脚面绷直，然后和小腿随大腿加速向后下方推水。双脚继续加速向下后方打水，动作尚未结束时，大腿又开始向上移动，当膝关节完全伸直时，向下打水的动作即结束。

（5）腰部发力

蝶泳腿的打水动作是由腰部发力，经过髋、膝、踝关节并与躯干、脊柱动作相协调一致配合完成的。脚的运动方向是向下和向后，其向下的幅度大于向后的幅度。

（6）打腿重点

腿向上抬起时，膝关节必须伸直，如果稍有弯曲，小腿的背面将产生很大的阻力。此外，向上抬腿时，不要过于用力，以便减少阻力。打腿的重点应放在向下打水动作上，腿向下打水的速度应比向上抬腿快约两倍多。

臂部技术

（1）技术环节

蝶泳臂的划水动作是产生推进力的主要因素，并且相对其他姿势来说是较大的。蝶泳臂的划水是两臂在头前入水，同时沿身体两侧做曲线划水。它的技术环节分为：入水、抱水、划水、推水和空中移臂等几个阶段。

（2）入水

蝶泳臂入水点基本上在肩的延长线上，两臂同时入水。入水时肘稍屈并略高于小臂，手掌领先，并约与水面成45度角，然后带动小臂和大臂依次入水。入水阶段，由于前臂外侧旋转动作，掌心由向外侧积极转向外侧后。

（3）抱水

臂入水后，手和前臂继续外旋，进入抱水阶段。抱水时，手的运动方向为向外—向后—向下。随着前臂的外旋，掌心由向外侧后转为向后方向，接着进入划水阶段。

（4）划水

在臂进入划水阶段时，前臂和手掌是划水的主要对水面。屈肘，使肘部保持较高的位置。前臂外旋动作和逐步加大屈臂的动作是同时进行的，当两臂划至肩下方时，小臂和大臂的角度约成90度～100度，当两手划至腹下时，两手距离最近，然后转入推水动作。

（5）推水

①路线

当两手距离最近时，双手做弧形向外推水的动作。手的运动方向为向外—向上—向后。推水的前半部，手有较大的向后运动的分量，推水路线较直。

②分量

推水的后半部，手有较大的向外、向上的运动分量。推水时，由于小臂的内旋，掌心由划水的向后转为向外侧后方。

划水和推水，手掌的运动路线有三种，这要根据个人不同的身体条件而定，一般较高水平的运动员都采用第一种和第二种。

（6）出水

当两臂推水至髋关节两侧时，利用推水的惯性，提肘出水。提肘出水动作是在推水结束前即已开始。在两臂推水尚未结束时，两肘已开始做向上提起的动作，这时掌心向外后侧。

（7）空中移臂

①前摆

当推水结束提肘出水后，两臂即由空中前移，开始移臂时肘关节微屈，手掌向上，肘先于手出水，两臂放松内旋，沿身体两侧低平的抛物线前摆。

②摆出

开始移臂时稍用力，利用臂的离心力向前摆出。

③速度

移臂时速度要快，否则会造成身体下沉。

躯干技术

（1）鞭状动作

打腿时两脚自然并拢，以腰腹发力，压肩提臀，带动腿向后下方做鞭状打水动作。

（2）关节伸直

屈膝向下打水时稍提臀收腹，打腿结束时膝关节伸直。

（3）幅度距离

向上打水时稍挺腹。主要是用力向下打水，上下动作的幅度两脚约距 0.40 米～0.5 米。

配合技术

（1）臂和呼吸配合动作

蝶泳的呼吸是借助于两臂划水的后部推水动作，同时需后部肌肉大幅度伸展，使头抬至口露出水面时吸气。吸气的速度要快，头必须在臂入水前回到原来的位置，慢呼气或者稍憋气后呼气。

蝶泳的呼吸一般是一次划水一次呼吸，但是为了加快游进的速度，也可采用两次以上的划水动作之后，再做一次呼吸的技术。

（2）完整的配合动作

蝶泳臂、腿、呼吸的配合比例一般为1：2：1，即一次手臂动作，两次腿的动作，呼吸一次。在某些情况下，臂、腿配合再做一次呼吸的技术。两次打腿的力量一般是第一次轻，第二次重，要有所区别。

完整的配合技术有以下几点。

①打腿

两臂入水时做第一次向下打腿。

②向上

臂抱水时腿向上。

③移臂

当两臂划至腹部下时，开始做第二次向下打水的动作，并且抬头吸气，推水结束时打腿也结束。移臂时腿又向上准备做下一周期的打腿动作。

④低头

移臂的前部，头部还处在水面，移臂过身体的横肘时低头。

技术要点

（1）运动呼吸

①追赶

在身体的运动中呼吸，而不是用头追赶着空气呼吸。

②动力

如果抬头伸出下巴呼吸就会破坏身体的流线，不会产生更多的动力。

③自然

在呼吸的过程中和之后都应该使你的头尽量处于自然状态。

（2）弹出手臂

发动力量向前。在你回摆手臂时要感觉你的手臂是在向前弹出而不是向你的脚的方向推水。

（3）鞭打双手

①较早

较早地下沉和拉起手。

②抓住

用手在身体的前方抓住水，越远越好。

③鞭打

只要身体一扫过双手，马上松手并将双手鞭打出去。

（4）加速加力

在移动躯干的过程中要快而有力，要加速加力，而不是狠踢腿。必须感到你的腿是被拖动的而不是主动踢腿。

3．蝶泳动作训练

回摆手臂训练

蝶泳中的回摆手臂技术的确不容易，但也不至于学不会，只要时刻记住，手臂要尽量向前甩而不是为了爬出水面呼吸。当第一次双手蝶泳时可以做到3次～4次呼吸一次，做到下面几点。

（1）肩贴水面

肩贴近水面，头与脊柱成一线保持自然状态。将全力用向池子的对岸。

（2）手臂向前

当完成回摆手臂动作后，手臂在水里的方向是向前而不是向下。

（3）下沉双手

较早下沉双手，向下巴方向扫动。当躯干向前移过双手，立刻向外砍，以帮助将双手弹出去。

（4）放松手臂

由手腕带领手臂向前扫，在向前飞的过程中放松手和手臂。

（5）学会呼吸

一旦能顺利平滑地做前向冲击划臂时可加入呼吸，要用身体呼吸而不光是头。在整个呼吸过程中头要保持稍微向下看，就像蛙泳那样。

（6）隐藏呼吸

训练设法藏起呼吸。当开始学习用身体而不是头呼吸时，可划 4 下～ 5 下臂做一次呼吸。如果能正确地呼吸，可以做到想划几次呼吸就划几次呼吸。这可以很好地完成竞赛。

腿部动作训练

（1）训练目的

掌握蝶泳躯干和腿的波浪动作，学会腰腹用力是学习蝶泳的基础。蝶泳打腿是整个动作的动力来源，所以要想学好蝶泳，打腿是关键。

（2）学习难点

波浪动作。

（3）主要方法

①连贯性

原地站立，两臂上举伸直。腰腹前后摆动，模仿海豚波浪动作，挺、屈、提、伸 4 个动作的连贯性。

②腰发力

爬泳打水动作原理是两腿并拢同时做上下打水训练，体会腰发力，有节奏上下摆动，呈鞭状打水。向上动作不要用力过大，往下压水时要用力。

③像波浪

蝶泳是整个身体力量性和柔软性的结合。打腿时，由腰部发力，依次带动大腿、小腿和脚掌，整个动作做出来后就像是波浪。做好蝶泳打腿的关键在于正确使用腰部力量。蝶泳腿的打腿幅度始终是相同的，在整个过程中腿是没有停顿的，必须连贯始终。

④腿放松

刚开始训练的时候，为了体会波浪的感觉，可以尝试把头埋到水里，胸部下压，可以自然感觉一种波浪的力量带动腰部，腿部放松，随腰部的动作，自然被压力作用到水面，这时弯曲膝盖，双腿同时发力下压打水，再开始下一次动作。

（4）错误纠正

①波浪

没有波浪动作。就是在做蝶泳动作时没有看到腰部的波浪。

②起伏

游泳的时候觉得腰腹部过于紧张，虽然是腰部发力，但是没有将力量过度到腿上。腰部的力量要有过度，简单来说就是反映到臀部的起伏。可以多训练全浸式海豚蝶。

③参与

有的游泳者会感觉打水很用力，但是速度却很慢。这是因为大腿没有带动小腿，而只是小腿僵硬打水。这样的话，腰腹部没有参与动作，膝关节过分弯曲，自然打水效果不佳。可以通过上身下压，从胸部下压开始发力，腰部向波浪一样发力动起来，带动打水，体会力量的转移。

手臂呼吸配合训练

（1）训练目的

掌握蝶泳手臂动作与呼吸配合是为蝶泳完整动作打下基础。

（2）学习难点

呼吸动作。

（3）训练方法

①动作

手臂动作原地开立，身体前倾，离支撑物约一手臂距离，模仿蝶泳两手移臂动作和划水路线：两手碰大腿，吸气抬头、提肩空中移臂，肩高于手腕，手背向前，手掌心向后，两臂前移平肩时低头，两手空中前伸在肩的延长线入水，入水后即向外内旋屈肘抱水，使肘处于较高位置作"S"型加速划水。边推水边提肘出水，借惯性力移臂。

②配合

手腿动作与呼吸配合：手臂入水时脚打第一次水，手臂划水时抬脚，手臂划水至脐下发力推水时，脚打第二次水。

③节奏

手、脚、配合要有节奏，两次用力的比例是即第一次入水时用力一二分力量，第二次推水用力是八九分力量。

（4）错误纠正

①向前移臂

划水后出水移臂困难，原因是推水无力、停顿、掌心向上捞水。纠正方法是推水时掌心向后，利用惯性提肘转肩向前移臂。

②屈臂划水

直臂划水的原因是概念不清。纠正方法是高肘屈臂划水，掌心要向后。

③手臂入水

手、脚配合脱节原因是手臂入水后停留过长，配合差。纠正方法是手臂入水后接着就要向后划水，并进行第二次打腿。

④低头提臀

躯干没有波浪动作原因是手臂入水时不积极低头提臀。纠正方法是手臂入水时要低头提臀，腿向上打时，膝关节伸展。

腰部训练

陆上蝶泳腰部训练主要在于体会蝶泳的躯干波浪动作，也可以作为游泳入水前的热身动作。

（1）动作要点

站在池边，手扶髋部，两眼目视前方。保持背部和腿伸直，髋部向后移，胸部向前移，然后，髋部回到开始的直立姿势，再向前移，略屈膝，并使背部略微反弓，再回到直立姿势。如此反复。

（2）注意事项

①放松

避免拱背拱肩，两肩放松。

②后移

髋部向后移，胸部向前移的动作感觉近似站在水龙头前探身准备喝水，在保持身体平衡的前提下将髋部尽量向后移。

③仰头

注意配合头部动作，髋部前移时收下颌，后移时要仰头。

④连接

当熟悉并适应这些动作后，将各个动作流畅地连接起来。

⑤幅度

髋部的移动要尽量保持最大的幅度。

速成训练法

（1）滑行蹬水

①动作

在掌握蛙泳技术的基础上，水中俯卧，两臂前伸不动，腿部连续做两次蛙泳的蹬夹水，稍停片刻让身体滑行一会儿，接着再做两次蹬夹水，如此反复训练数次。

②事项

在这个训练中，两臂一定要在水中保持前伸不动。

（2）猛力划水

①连贯

在腿第二次蹬夹水结束时，两臂先向外再向内做猛力划水，一直划到髋关节两侧，然后推水做空中移臂，待臂移至头前方入水后即不再继续划水。两臂划水、推水和空中移臂必须连贯，一气呵成，中途不可停顿。

②事项

两臂经空中移臂入水后，一定要保持前伸不动，不可连续划水，否则就会造成下一次空中移臂出水困难。这一训练是蝶泳成形的关键，对于已掌握蛙泳技术的人来说，难度并不大，反复训练数次即能掌握规律。

（3）连续蹬水

紧接上一训练，在两臂入水后处于前伸不动的状态时，两腿再连续做两次蛙泳的蹬夹水动作。

（4）学会呼吸

以上三个动作反复训练，使臂腿动作配合协调后，在开始做空中移臂时抬头使嘴露出水面吸气，臂入水后埋头在水中慢慢呼气。

（5）上下打水

以上训练熟练以后，已具蝶泳雏形。这时可以把两腿的蹬夹动作改为上下打水，并逐渐使两腿并拢。

（6）腰部发力

在两腿并拢做上下打水的基础上，逐渐体会用腰部发力，以大腿带动小腿做鞭状打水。大小腿之间保持110度～130度，脚背绷直，同时，随着臂、腿的协调配合动作，使整个身体做自然的波浪形摆动。

持久性训练

蝶泳是4种竞技游泳姿势中最难掌握的一种姿势，蝶泳节奏性强，体力消耗大，很少有人采用这种姿势进行长游，蝶泳身体姿势呈波浪式摆动，为了减少垂直阻力，现代蝶泳采用了小波浪打腿的技术。蝶泳两臂同时向后划水并经水面上向前移臂，这一动作特点决定了蝶泳在一个动作周期中浮力和平衡损失比其他泳式大。由于蝶泳游起来运动负荷较其他泳式大，这对锻炼身体、增强力量效果显著。怎样才能游得远，介绍以下几个技术要点。

（1）自然呼吸

①起伏

蝶泳呼吸动作近似于蛙泳，在两臂向后推水时，嘴前伸吸气，切忌挺胸抬头，尽量减少身体上下起伏。

②呼吸

蝶泳要做到自然的呼吸，应首先与两臂动作协调配合，即推水伸颌抬头吸气，移臂低头呼气。在长游中蝶泳呼吸与手臂动作的配合是 1：1，即一次划臂一次呼吸。

③节奏

使呼吸充分而有节奏，呼吸要保持一定的深度，才有利于气体交换，因此，在节奏上就应该相对稳定，特别是长游时更要注意这点。

（2）配合协调

①配合

蝶泳的节奏性是蝶泳配合技术最显著的特点，有专家认为，蝶泳就是有节奏的泳式。蝶泳臂腿的配合形式是 1：2，即两臂划水 1 次，打腿 2 次。

②节奏

体现这个节奏的核心是两臂推水动作与第二次打腿的配合，要求两个动作同时完成。这就是说第二次打腿到最低点，两臂推水结束并开始移臂。初学者往往在这一点上失去正确的节奏。

③协调

躯干摆动要与臂腿动作协调，不能以打小腿代替腰的摆动，造成臂腿动作僵硬不协调。要纠正这一点应强调两臂入水点远一些，肩带放松并前伸，借助此时向下打腿的反作用力提臂，从而使初学者逐步形成良好的蝶泳配合节奏。

（3）渐增距离

①结构

增长游距要以维持正确的动作节奏为前提。如果以不规则的动作节奏完成游距，会破坏蝶泳动作的正确节奏，使技术动作结构发生错误的改变。

②质量

国内外游泳教练认为，蝶泳训练距离不宜太长，最好在 25 米短池进行训练，这有利于保持蝶泳正确的技术动作和正常的动作节奏。因此，增加蝶泳游距离的最好方法是分段训练法，即把目标距离分成几个较短的距离，用分段的形式完成。如目标距离为 1000 米，可分成 5 个 200 米或 10 个 100 米来完成，这样比连续游完 1000 米技术质量要高，动作节奏也有保证，从而达到巩固提高技术和锻炼身体的作用。

③穿插

增长游距要求距离的增加应有计划有步骤，不能盲目安排。在初学阶段，不宜增加蝶泳的游距，可通过泳式交替变换训练增加距离，蝶泳穿插在泳式中，这样即可调节单一姿势的疲劳，又可增强蝶泳游进的能力。

④分解

增加蝶泳长游距离应先增加分解动作的训练距离，如扶板打腿、夹板划臂等。为逐渐延长蝶泳配合游打下基础。

（4）提高耐力

①耐力

由于蝶泳游距的限制，常与其他泳姿结合，发展蝶泳的一般耐力，提高蝶泳耐力水平。

②代谢

蝶泳一般的耐力训练属于有氧代谢运动，提高有氧代谢水平对增强体质很有意义。

③方法

耐力训练方法常采用任意游、持续游、变速游、间歇游等方法。根据游泳能量训练分类，有氧训练分 4 级负荷，可以根据自己的情况，选择合适的训练负荷，提高耐力水平。

蝶泳规则简介

（1）俯卧姿势

自出发及每次转身之后第一次划臂起，身体必须保持俯卧姿势，且两肩必须保持与水面平行，但在水面下允许腿侧向打水，任何时间身体均不得翻转成仰姿。

（2）同时划水

两臂必须在水面上同时向前摆动，同时在水下向后划水。

（3）动作一致

双腿打水动作必须同时一致，两腿或两脚可不在同一水平面上，但不允许有交替动作，不允许蹬蛙泳腿。

（4）同时触壁

①触碰

在每次转身及抵达终点时，两手必须在水面上或水面下同时触碰池壁。

②水面

双肩必须维持在同一水面上。

③高度

允许双肩在不同高度，或斜肩，增加活动自由度。

（5）出发转身

在出发和每次转身后，允许运动员在水下做一次或多次打水动作，并凭借双臂一次划水，使身体浮出水面。

（6）潜泳距离

允许在出发和每次转身后潜泳，但不得超过15米，在15米前，头部必须露出水面，使身体保持在水面上，直至下次转身或到达终点。

第五章

花样游泳运动的竞赛与裁判

1. 花样游泳基本概况

历史发展

（1）起源

花样游泳起源于欧洲，1920年花样游泳创始人柯蒂斯将跳水和体操的翻滚动作编排成套在水中表演。1930年后传入美国和加拿大，在原有的基础上又逐渐配上舞蹈、音乐和节奏。起初仅作为两场游泳竞赛的场间娱乐节目，后来逐渐融入舞蹈和音乐，成为一项优美的水上竞技项目。

（2）发展

1934年在美国芝加哥万国博览会上举行首次表演，从而使其名声大噪。那时，美国的电影明星威廉姆斯在几部电影中演绎了一番水上芭蕾，这让花样游泳迅速走红。而在竞技方面，弗兰克 - 哈夫里切克制订了一系列规则，推动了花样游泳竞赛的发展。

（3）竞赛

1937年考斯特成立世界上第一家花样游泳俱乐部。1942年美国业余体育联合会确认花样游泳为正式竞赛项目。1952年被列为奥运会表演项目。1956年得到国际游泳联合会承认。1973年举行第一届世界花样游泳锦标赛。1984年第二十三届洛杉矶奥运会上，成为奥运会正式竞赛项目，有单人和双人两项，1984年花样游泳被列为正式竞赛项目，设女子双人和团体两枚金牌。

1996年奥运会这两项则都被取消，取而代之的是8人的集体竞赛，到了2000年悉尼奥运会，双人项目又再次成为竞赛项目。

（4）在中国

花样游泳在中国开展的时间很短，尚属于起步阶段。从1983年开始，中国先后邀请了日本、美国、加拿大等国专家来华讲学。1984年8月举行了首届花样游泳锦标赛。1987年第六届全运会将其列入正式竞赛项目。

美国和加拿大瓜分了自设立花样游泳竞赛以来的前 *4* 届奥运会所有金牌，但是随着当年的主力在 *1996* 年亚特兰大奥运会之后退役，俄罗斯与日本开始崭露头角，并在 *1998* 年世界锦标赛中称雄。中国、法国和意大利在这个项目上也进步很快。中国在亚洲于这个项目上优势明显，日本、韩国将会对中国带来一定的挑战。

2010 年 *9* 月 *16* 日，中国花样游泳队在江苏常熟举行的第十二届世界杯花样游泳竞赛自由组合赛中以 *97.200* 分摘得银牌。这是中国花样游泳队获得的首枚世界杯奖牌，实现了历史性的突破。

基本介绍

（*1*）概念

花样游泳是女子体育项目。原为游泳竞赛间歇时的水中表演项目。由游泳、技巧、舞蹈和音乐编排而成，有"水中芭蕾"之称。花样游泳是一项具有艺术性的优雅的体育运动，它也需要力量和技巧，需要许多年不断的训练来掌握。

（*2*）要求

①包含

乍一看起来花样游泳是奥运会项目中最省力的一个项目，但是与这个项目在水面上展示出来的相比，它还包含了很多其他的东西。

②地面

有 *10* 个裁判关注游泳选手们的每一个动作，运动场必须做出许多组推举、旋转、弯曲，所有这些动作都不能借助于池底的地面。

③常规

除去要求选手们拥有力量、耐力、灵活性、优雅和美感外，这个项目还需要对呼吸异乎寻常的控制力。花样游泳运动员要在不呼吸的情况下做伸展，常规动作要持续 *5* 分钟，同时进行表演。即使在最紧张的常规动作要求里，水上芭蕾运动员们还要努力保持轻松的想象。

2．花样游泳场地设施

游泳场地

（1）规格

①标准

在奥运会中，花样游泳竞赛泳池至少 30 米长、20 米宽，在其中 12 米长、12 米宽的区域内，水深必须达 3 米。

②高难

自选动作的场地，需要更宽些，以便发挥高难技术。

（2）水质

①洁净

水的温度应是 26 度，允许 1 度的温差。水必须十分干净，并能让人看到水底，这是要让人们看见她们的动作是否正确。

②水中

花样游泳竞赛的技术动作，不仅可以在水面上做，也可以在水中做。

服饰要求

花样游泳竞赛由于包括规定动作和自选动作的内容，因而在服饰上有一定的要求。

（1）规定动作服饰

规定动作要求运动员在参加规定动作竞赛时，必须头戴白色泳帽，身穿黑色游泳衣。

（2）自选动作服饰

自选动作要求运动员身穿艳丽的游泳衣，泳衣上可以用各色亮片设计不同的图案，头发盘成发髻并戴上各种美丽的头饰。但这些必须符合音乐主题的要求，并与整套动作编排的内容协调一致，以衬托出理想的效果。

佩戴鼻夹

（1）佩戴

由于花样游泳的动作多由倒立姿势构成，为了避免发生呛水，运动员无论训练还是竞赛，鼻夹必不可少。

（2）制作

它是由富有弹性的钢丝再套上一层橡胶管制成的，以免使皮肤受摩擦而损伤。

新设备

（1）鼻塞

现在，一些新技术被用在花样游泳的女选手身上，比如，鼻塞可以防止运动员在头朝下的情况下鼻子进水。

（2）凝胶

凝胶为运动员稳定发型。

（3）化妆

特殊的化妆品使女孩子看起来更美丽。

（4）音乐

更重要的是，水下扬声器的使用使运动员在水下也可以清楚地听到音乐，并借此跟住音乐节奏，与搭档保持同步。

音响设备

（1）基本组成

自选动作竞赛时，音响设备由录音机、扩音器、水上扬声器、水下扬声器和无线麦克风等组成。

（2）音量要求

平均音量不能超过90分贝，瞬间的爆破声最大不能超过100分贝。

（3）复制设备

同时还需要提供适宜的伴奏复制设备。参赛者必须在录音带上标明单位、运动员姓名、参赛项目和音乐速度。

（4）片段测试

赛前可以进行音乐带的片段测试，以调整音量和速度。

裁判座椅

（1）规定动作

规定动作竞赛时，裁判员集中坐在游泳池的一侧，按梯形排列。

（2）自选动作

自选动作竞赛时，裁判员坐在游泳池的两侧，按技术评分裁判和艺术评分裁判就座。

（3）座椅编排

座椅编上号，高位者为评技术分，低位者为评艺术分。

计分系统

可以采用电子系统计算分数，也可以采用评分牌。评分牌的左右侧各装 10 层可以翻动的薄片，每层薄片上依次写上 1～10 的数字，一侧为整数，另一侧为小数，裁判员以翻动薄片示意自己的评分。

3．花样游泳技术训练

技术要求

（1）动作组合

常规技术动作的要求是严格的。虽然运动员们可以选择自己的音乐伴奏，但她们必须按照规定做出一套动作组合。

（2）指定动作

指定动作每 4 年由水上芭蕾运动技术委员会重新制定。一名运动员必须在 10 秒钟内完成常规动作，双人组合也就要在 20 秒内完成，一个大组要在 2 分 50 秒里完成。

自由表演

（1）要求

①选择

8 人组和双人组在自由表演中选择自己的音乐和动作。

②目标

她们的目标是创造出一套动作，这套动作有创造性并且要可被鉴别。

③难度

这套组合还需要包含高难度的动作。

（2）内容

一套这样的组合应包含有情绪和速度的变化，以及创新的动作复杂的组合和组合变化，还有壮观动作。

（3）时间

双人组 *4* 分钟，*8* 人组 *5* 分钟。

水面停留

在所有的动作中，运动员有 *10* 秒钟可以浮在水面上，如果运动员选择它的话，这个动作可以给裁判和观众一个好的印象。虽然这个动作不被列入打分范围内，但它可以造就一个好的第一印象。

技术价值

（1）内容

技术价值是看运动员在做特别动作中完成的情况。它包括三个部分：执行、协调、难度。

（2）执行

①动作

执行要看游的方式、推进技巧和形态，运动员在水中应该轻松自如地做动作。

②耐力

裁判还要看运动员的耐力，一个顶尖的运动员从竞赛开始至结束都应该保持高质量的游划方式并很好地运用推进技巧。

③难度

她们的花样在竞赛结束时也应该如开始时那般简明而有难度。

（3）协调

①配合情况

在这一方面，裁判要看运动员和其队友及音乐的配合情况。

②保持协调

八人组或双人组的成员们应该在动作、位置和换位上保持协调。

③水上水下

她们无论在水上还是水下都要动作协调一致。

（4）难度

①技巧和力量

在考虑到难度时，裁判看运动员的技巧和力量。

②游法和花样

裁判还要看运动员在水中的游法、花样的难度。

③难度和技巧

还有一个考虑便是"冒险成分"——运动员在竞赛中要表现有难度相当大的技巧。

艺术印象

（1）整体感觉

艺术印象是指对动作组合的整体感觉。

（2）创造性和多样性

评判艺术印象的裁判观察运动员动作组合的创造性和多样性。

（3）心境变化

他们要看运动员动作的连贯性及动作是否表达出音乐所表现的心境变化。

相关训练

（1）基本要求

①观赏性很强

花样游泳是一项全方面要求都很重要的观赏性很强的项目，其中包括动作的连贯性、节奏性和优美程度。

②爱花样游泳

现在需要的花样游泳苗子要求喜爱花样游泳，从七八岁开始接触，最好有游泳或者舞蹈基础，身材修长，腿型漂亮等要求。

③身体素质好

花样游泳的运动员身材相对壮点，这是因为水下运动耗费的体力非常多、会憋气、会蛙泳、会蝶泳、肺活量处于 4000 以上、身体素质好、没有心脏病等疾病。他们都是竞技体育和艺术的完美结合，所以具有极强的观赏性。

（2）憋气训练

憋气训练最好还是在有专业教练的监督下来练，而且如果是为了提高肺活量的话不非要用憋气来锻炼，可以增加游泳的时间和速度来提高憋气能力。屏气的时间应该循序渐进，否则对身体会造成损害。

（3）身体训练

①协调性

花样游泳在水中手和脚都需要用的，在水中上身在水面的动作就需要利用腿的力量来控制，倒过来腿在水面上的就需要靠上肢的力量来控制，所以这个项目是要求运动员全身每块肌肉都运用上，而且还需要身体的协调性来配合的。

②灵活性

至于水性，运动员因为从小就开始学习游泳，在 4 项游泳姿势都会以后才开始学习花样游泳的动作，简单的说就是在水中像鱼一样灵活。

（4）适应训练

花样游泳运动员在水下不戴泳镜也能睁开眼睛游泳，但是要慢慢适应，刚开始是很不舒服的。因为水里有药物、漂白粉等东西。

一般运动员只是在竞赛前一段时间才摘下来的，是为了适应竞赛，平时也是带着水镜做各种花样动作，每个人都应该能在水里睁眼的，只是有个适应过程。

4. 花样游泳规则裁判

基本规则

（1）参赛要求

在大型竞赛中，每个国家或协会只能参加一个单人、一个双人、一个集体项目和一个自由组合项目的竞赛。竞赛有规定动作、技术自选和自由自选，奥运会只进行技术自选和自由自选竞赛。

（2）进行预赛

规定动作竞赛没有预赛，只进行一次竞赛。技术自选、自由自选和自由组合，如果参赛队伍超过 12 个队时将要进行预赛，最后选出前 12 名参加决赛。

（3）报名人数

①集体项目

在集体项目竞赛中，每队由 8 名正式运动员和 2 名替补运动员组成，其报名人数最多不能超过 10 人。

②自由项目

在自由组合项目竞赛中，每队由 10 名正式运动员和 2 名替补运动员组成，其报名人数最多不能超过 12 人。

（4）竞赛顺序

①竞赛顺序

由抽签决定，抽签仪式在第一部分竞赛开始前的 18 小时～ 72 小时前公开举行。预赛总分的前 12 名参加决赛。

②决赛顺序

决赛出场顺序也由抽签决定，总分 1 名～ 6 名抽 7 号～ 12 号的出场顺序，总分 7 名～ 12 名抽 1 号～ 6 号的出场顺序。

（5）内容选择

自由自选和自由组合竞赛在音乐的选择、内容和编排方面没有严格的限制，但技术自选竞赛则在内容的选择和顺序方面有严格的限制。

竞赛项目

（1）国际赛事

世界锦标赛设有 3 枚金牌：单人项目、双人项目、集体项目。奥运会上，花样游泳只设双人项目和集体项目 2 枚金牌。

（2）项目确定

参赛名额是来自 8 个代表团的 8 支队伍参加集体项目，每队 8 名运动员上场竞赛；来自 24 个代表团的 24 对运动员参加双人项目。

（3）项目区分

双人项目先进行预赛，前 12 名在决赛中完成自由自选节目。集体项目没有预赛。

竞赛内容

正式竞赛中，无论单人、双人还是集体项目，都要进行两部分竞赛：技术自选和自由自选。

（1）技术自选

①组合

运动员们可以选择自己的音乐伴奏，但必须按照规定做出一套动作组合。

②制定

指定动作每4年由国际泳联花样游泳技术委员会重新制定。

③时间

双人项目要在2分如秒内完成，集体项目要在2分50秒里完成。

（2）自由自选

①选择

双人和集体项目都可以在自由自选竞赛中选择自己的音乐和动作。通常这套节目的动作有创造性并且要可被鉴别，还包含高难度的动作。

②变化

一套这样的组合应包含情绪和速度的变化，以及创新动作复杂的组合和组合变化，还有壮观动作。

③时间

自由自选的竞赛时间：双人项目4分钟，集体项目5分钟。

竞赛时间

（1）技术自选

①规定

在单人、双人和集体技术自选竞赛中必须根据规定的动作、顺序和要求完成竞赛．

②时间

单人技术自选要求时间为2分钟、双人技术自选为2分20秒、集体技术自选为2分50秒，时间误差±15秒。

（2）自由自选

①限制

自由自选对音乐的选择、动作的编排内容方面没有任何限制。

②时间

单人自由自选竞赛要求时间为 3 分钟，双人自由自选竞赛要求时间为 3 分 30 秒，集体自由自选为 4 分钟，自由组合为 5 分钟，时间误差 ±15 秒。

（3）岸上动作

技术自选和自由自选竞赛的时间限制包括 10 秒钟的岸上动作。

竞赛成绩

（1）技术自选和自由自选

如果竞赛由技术自选和自由自选两部分组成，总成绩是技术自选占 50%、自由自选占 50%。

（2）规定动作和自由自选

如果竞赛为规定动作和自由自选两部分组成，总成绩是规定动作占 50%、自由自选占 50%。

（3）规定动作、技术自选和自由自选

如果竞赛为规定动作、技术自选和自由自选三部分组成，总成绩是规定动作占 25%、技术自选占 25%、自由自选占 50%。

（4）得分最高的队伍

得分最高的队伍获得金牌。

评分标准

评分由 5 名或 7 名裁判员进行，当有 1 名裁判员因病或其他意外情况不能打分时，以其余的 4 名或 6 名裁判员给分的平均数作为该裁判员的给分，竞赛最后得分为 0 ～ 10 分，精确到 0.1 分。裁判员评分时应按照规则要求认真、公正、准确。

分值计算

（1）规定动作得分

删去一个最高分、一个最低分后，将其余的 5 个或 3 个得分相加，除以 5 或 3 再乘以难度系数得到每个规定动作的得分。

（2）自选动作得分

①给分

在自由自选和自由组合竞赛中，要有 2 组裁判员，一组负责评判技术价值分，另一组负责艺术印象分。

②总分

在技术自选竞赛中，也要有 2 组裁判员，一组负责评判完成情况分，另一组负责整体印象分。每组删去一个最高分和一个最低分后，将其余的评分相加，除以裁判员人数乘以 5，然后将技术价值得分与艺术印象得分相加为自选部分的总分。

（3）自选动作评判

①评判范畴

自选动作的评判应看其技术价值和艺术印象。

②技术价值

是通过运动员对高水平特殊技巧的掌握来表现，技术价值分包括质量、同步和难度三个方面。

③艺术印象

是运动员的技巧和良好的艺术表现力的表演所留下的效果、印象和感觉。艺术印象分包括编排设计、音乐的表达和表演。

打分扣分

（1）打分

如同跳水和体操，裁判们运用特别的标准给运动员打分，最高分 10 分。裁判给分计算至小数点后一位。5 名裁判中的 2 个人靠近池边，其中一个评判技术优点，另一个则考虑队员的艺术表现。

（2）算分

①平均

当裁判考虑完毕后，给运动员算分便开始了。接下来，5 人裁判组中的最高分和最低分都被去掉，剩下的 3 人得分将被平均计算。

②总分

平均分的 60% 被加在技术价值分上，技术价值分乘以 6，艺术印象分乘以 4，这两项得总分就等于动作组合的得分。

（3）排名

要决定谁是冠军及排名，常规表演和自由表演分别拿出 35% 和 65% 组合最后得分，显然自由表演更具重要性。为算出最后得分，常规表演和自由表演分别乘以 0.35 和 0.65，两项相加，即是最后得分。

（4）扣罚

①触摸

在常规表演和自由表演中，运动员如有严重犯规将被扣罚 2 分。比如，一个运动员为了帮自己或队友一把而触摸到了池底地面。

②无意

如果是无意接触到池底则不算犯规。

③超时

轻微的犯规将被扣 1 分，比如超时。

其他规则

（1）自动放弃

如果一个运动员自动放弃竞赛，那么所在的小组将被取消资格。

（2）故意扰乱

如果一个运动员在表演过程中故意扰乱对方，其所在小组将被罚 2 分。

（3）动作一致

在常规表演中，所有组合的队员必须同时做出规定动作，除了交叉动作、浮水面动作及开场动作。

（4）背景音乐

背景音乐在水面以上不能超过 90 分贝。

（5）得分相同

如果两个组的得分相同，就看小数点后的二三位，以小分计算。

（6）出现争议

在常规表演中，如在录像中发现任何有争议的地方，由裁判作出最后判罚。

第六章

帆船运动的竞赛与裁判

1. 帆船运动的基本概况

历史发展

（1）最初起源

帆船起源于欧洲，它的历史可以追溯至远古的石器时代，帆船的存在是人类向大自然做斗争的一个有力见证，帆船的历史同人类文明史一样悠久。

现代最早作为娱乐活动的帆船起源于 16～17 世纪的荷兰。古代的荷兰地势很低，所以开凿了很多运河，人们普遍使用小帆船运输或进行捕鱼。这种小船是由一个独木舟或用木排竹排编制而成，可以说这是世界上最早的帆船。当时荷兰有一种狩猎船，即通常被用作征税和传令的交通船。也有很多贵族建造了这种帆船用来进行娱乐和体育活动。

（2）最早竞赛

1662 年英王还举办了一次英国与荷兰之间的帆船竞赛，竞赛路线是从格林威治到格来乌散德再到格林威治，英国派帆艇"金吉尔"号参赛，荷兰派后主桅艇"什护拉"号参赛。

18 世纪，帆船俱乐部和帆船协会相继诞生。1720 年前后，英、美、德、法、俄等国家先后成立了帆船俱乐部或帆船竞赛协会，如 1812 年英国创建了皇家帆船中队，1844 年美国成立了纽约帆船俱乐部。此后，各国之间开始进行经常性大规模的帆船竞赛活动，如 1870 年美国和英国举行了第一届著名的横渡大西洋"美洲杯"帆船竞赛。

（3）进入奥运

1896 年现代奥运会一开始，就把帆船列为正式竞赛项目。但由于当时的天气情况不佳，第一届奥运会未能赛成。

至 1900 年第二届奥运会，明确规定了帆船的 4 个竞赛级别，进行了第一次世界性的大型帆船竞赛。当时的赛船都比较大而笨重，但适于远航。

1906 年英国的史密斯和西斯克专程去欧美各国与帆船主的领导人

商谈国际帆船的竞赛等级和规则，并提议创立国际帆船竞赛联合会。

1907 年世界第一个国际帆船组织——国际帆船联合会正式成立。总部设在英国伦敦，迄今已有 *120* 多个成员国和地区。

1908 年第四届奥运会起改为以艇身长度分级，第九届奥运会以前以重量或长度分型，如 *0.5* 吨以下级、*0.5 ～ 1* 吨以下级、*12* 米型、*8* 米型等。早期奥运会竞赛船型不固定，而现在的竞赛已经按照级别严格区分，重量和尺寸都相似的船只归入同一竞赛级别。

（4）帆船改进

随着竞赛级别不断变化，船艇不断改进。至 *20* 世纪 *40* 年代以后，由于工业的发展，造船及制帆材料得到了不断的改进。特别是玻璃钢的问世使船艇的造价降低，工艺水平提高、轻巧而小型的帆船逐渐替代老式帆船。在奥运会规定的竞赛级别里小型帆船也就逐步取代大型帆船。

1976 年在二十一届奥运会上，竞赛的 *6* 个级别全部都改成了船体较轻较小的帆船，但是大型帆船在一些国家仍很普遍，主要是用来远航，有时横穿大洋，因为在船上可以食宿，一次竞赛可以长达很多天。竞赛级别最多的是第二十五届巴塞罗那奥运会，男女共 *10* 个级别。

（5）项目变化

帆船原为男女混合项目，从 *1988* 年奥运会起男女分开设项。*1988* 年汉城奥运会设立了女子 *470* 级的竞赛。*2004* 年索林级从奥运会男子项目中被删去，取而代之亮相的是女子鹰铃级的竞赛。

2004 年第二十八届奥运会设男子米斯特拉级帆板、女子米斯特拉级帆板、芬兰人级、激光级、男子 *470* 级、女子 *470* 级、*49* 人级、托纳多级、星级、欧洲级、鹰铃级 *11* 个项目，共有 *400* 名运动员参加竞赛。每个协会每个项目最多一条船参加。

2004 年雅典奥运会的帆船竞赛一共有 *11* 个小项，其中男子 *4* 个项目，女子 *4* 个项目，另外 *3* 个项目男女运动员可以同时参加竞赛。

（6）亚洲帆船

日本是亚洲开展现代帆船运动最早的国家，在 *20* 世纪 *60* 年代日本帆船运动协会就制订出竞技帆船长期发展规划，并用了不到 *10* 年时间，使其男女 *470* 级达到了世界先进水平。

中国现代帆船运动是从 1979 年开始的，1980 年以后山东、上海、湖北、广东、江苏等省市相继组建起帆船运动队进行系统专业训练。中国帆船运动员从第九届亚运会和第二十三届奥运会开始参加部分级别的亚洲和世界竞赛。中国运动员曾在亚洲竞赛中获 470 级和欧洲级冠军。

帆板发展

（1）初步形成

帆板运动出现于 20 世纪 60 年代末期。当时，世界各地的冲浪爱好者纷纷在冲浪板上进行加帆的尝试。1967 年一种加长的冲浪板上面装有能够自由转动的桅帆在美国出现，标志了帆板的初步形成。

美国加利福尼亚的电算机技师修万斯想出了一个绝妙的方法，他把帆船的桅机部分进行了改装，并在桅杆根部装上一个万向调节装置然后移植到小小的冲浪板上，于是"风力冲浪板"诞生了。经过多次反复的试验终于获得成功。

1970 年 6 月修万斯正式申请了专利，命名这种器材为"温特·塞费尔"，属于帆板的一种。冲浪板是冲浪运动的器材，样子很像墨鱼盖，一人多长，近一米宽。人可站在上面，凭借涌浪的推力在水上滑行。

这项运动的开展在欧美国家已有较长的历史，但由于冲浪板前进的动力来自涌浪，因此它只能在有较大涌浪的水面上才能开展运动。并且由于受场地条件所限，影响了这项运动的普及。

帆板诞生后，很快弥补了冲浪运动的不足。运动员站在板上，用双手抓住帆杆进行操纵，便能在无际的大洋中航行上百海里，并能达到每小时 50 多千米的惊人速度。因此，受到青少年青睐，并逐渐形成一种运动，在欧美国家广泛开展。

（2）进入竞赛

首届世界帆板锦标赛于 1974 年举行。

帆板运动的迅速发展引起了国际快艇赛技联组织的高度重视。1980 年春，该组织在伦敦举行会议，正式提出了帆板运动加入奥运会事宜的申请。奥委会在同年 7 月间就批准并宣布帆板运动正式列为奥运会项目，并将帆板确定为帆船运动的一个新的级别。

1984 年，在洛杉矶举行的第二十三届奥运会成功地进行了第一次奥运会帆板竞赛和帆板表演赛。1992 年，第二十五届奥运会列入男、女帆板两个项目。

现在所有大型综合性运动会，如奥运会、亚运会、全运会都有帆板竞赛，每年世界各地还举行经常性的职业选手系列赛。

（3）中国帆板

中国在 1979 年由国家体委青岛航海运动学校成功试制出第一条国产帆板，1980 年举办了第一次全国帆板教练学习班后，全国各省迅速开展此项运动，先后成立了 20 个省市体协的专业帆板运动队和几十个基层业余训练点。

中国开展帆板项目较迟，但发展很快，1982 年起就参加国际竞赛，1984 年广东省湛江籍运动员在国际上为中国夺得第一个帆板世界冠军，至今中国运动员在国际大赛上共获 3 次世界冠军和 5 次亚运会冠军。广东省湛江籍运动员还在 1992 年第二十六届巴塞罗那奥运会上夺得银牌，实现了亚洲人在奥运会帆板项目中奖牌零的突破。

目前，中国男子、女子帆板水平已经达到世界级水准。1996 年香港选手在第二十七届亚特兰大奥运会上勇夺金牌，使世界认识到帆板是一项适合亚洲人的运动项目，它更是适合中国人发展的项目。这届奥运会，中国选手夺得女子第四名；2000 年奥运会，中国选手夺得男子第五名和第七名；中国选手在 2004 年雅典奥运会上夺得女子帆板银牌；中国选手在 2008 年北京奥运会上夺得女子帆板金牌。

现在每年有 4 次全国性的竞赛，分别为全国国际米氏级锦标赛、全国"翻波板"锦标赛、全国帆板冠军赛和全国青年帆板锦标赛，每 4 年一次的全国运动会都设帆板竞赛项目，同时帆板也是亚运会、奥运会的正式竞赛项目之一。

未来发展

帆船、帆板运动有着独特的魅力，备受人们的青睐。据调查，大多数参加帆船、帆板运动者的目的是健身娱乐，开发智力，培养意志，科学健康地利用剩余精力，避免社会精神污染。因此，在多数开展帆船、帆板运动国家的参加活动的人数中，休闲健身者多，而且青少年居多。

未来世界帆船、帆板运动发展是乐观的，这项运动不耗能源，没有公害，可使参加者受到身心锻炼，合乎社会文化高速发展、人类回归自然这一趋势。

简要介绍

（1）帆船

①概念

帆船即利用风力前进的船。帆船是水上运动项目之一。帆船竞赛是运动员驾驶帆船在规定的场地内竞赛速度的一项运动。

②运动

帆船运动中，运动员依靠自然风力作用于船帆上，驾驶船只前进，是一项集竞技、娱乐、观赏、探险于一体的体育运动项目。它具有较高的观赏性，备受人们喜爱。现代帆船运动已经成为世界沿海国家和地区最为普及而喜闻乐见的体育活动，也是各国人民进行体育文化交流的重要内容。

③作用

经常从事帆船运动，能增强体质，锻炼意志。特别是在风云莫测，海浪、气象、水文条件的不断变化中，迎风斗浪，能培养战胜自然、挑战自我的拼搏精神。

（2）帆板

①原理

帆板运动是人利用一块狭长的板体上的三角帆，借助风力作用于帆上所形成的动力而进行的一种水上运动。

②价值

它集娱乐性、观赏性、竞技性于一体，是世界上沿海国家和地区最普及和最为人们所喜闻乐见的运动项目。

③构成

帆板运动是介于帆船和冲浪之间的新兴水上运动帆板项目，帆板由带有稳向板的板体，有万向节的桅杆、帆和帆杆组成。

④操作

运动员利用吹到帆上的自然风力，站到板上，通过帆杆操纵帆使帆板产生速度在水面上行驶，靠改变帆的受风中心和板体的重心位置在水上转向。因和冲浪运动有密切关系，所以又称"风力冲浪板"或"滑浪风帆"。

帆船与帆板

（1）人数不同

从人数上来讲，帆船可以一人到多人，帆板基本上是一个人玩的。

（2）姿势不同

从姿势上来讲，帆船可以坐着，也可以站着，还可以躺着，帆板基本上是站着的。

（3）力量不同

从力量上来讲，如果不是追求速度，帆船并不需要很大的力量，所以男女老少都可以玩。帆板需要耗费的体力较大，天气情况差的时候，需要的力量更大。

（4）速度不同

从速度上来讲，帆船有许多船型，龙卷风级别的帆船和一些水翼帆船速度非常快，但一般情况下，帆板的速度比单体帆船的速度要快。

（5）条件不同

从适航条件来讲，帆船的适航性比帆板的适航性要好，小风小浪到大风大浪，都有适航的帆船。

（6）刺激不同

从刺激的程度来讲，大部分帆船不如帆板刺激，当然这是在能够熟练玩转帆板的情况下。但是对于只能远航的帆船，那种与浪搏击的刺激，就不是帆船运动能够相比的了。

2．帆船运动设施

场地设施

（1）气象水文

①动力推动

帆船运动是靠风在帆上产生动力推动船前进的。因此，风是帆船运动的最主要条件。从事专业帆船运动的人士对气象变化，尤其是风的变化规律有着很深的理解与研究。

②技术要求

对举办单位在气象预报上也有很高的技术要求。通常竞赛期间风力持续达到每秒3米以上时才适于竞赛，而风力超过每秒20米时，就要考虑水上安全而停止竞赛。另外，在一轮竞赛的时间段内，风向摆动过大时也要从竞赛公平的角度考虑调整航线放弃竞赛。

③自然特征

水流与波浪都是海洋的自然特征，运动员如何利用好涌浪的力量产生更大的前进力，如何在计划航线时考虑到水流的影响也是奥妙颇深的。因此，帆船竞赛对气象要素的基本要求是风流不太大、能见度在1 500米以上。

（2）环境保护

帆船运动本身是一项环保型运动，另外运动员在从事这项运动与竞赛期间会经常直接接触水，部分身体长期暴露在阳光与空气中。因此，对赛区水质及空气质量都有较高要求。

（3）竞赛区域

①赛区标准

帆船正式竞赛要求在开阔的海面上进行，距海岸应有1 000～2 000米。竞赛场地由3个浮标构成等边三角形，每段航线长不少于2～2.5海里。

②竞赛场地

帆船竞赛需要在开阔的水域上设4～5个竞赛场地。每个场地直径为1～2海里。这些区域最好靠近海岸，水流不宜太大，水深不宜超过30米，不允许有固体漂浮物，渔网、渔排等障碍物。赛前及竞赛期间这些场地区域对民用船及商业船只应当实行禁航。

③场地布设

由于风向、风速、气象、水文等条件的不断变化，竞赛场地不是固定不变的。它是在规定的区域按照气象水文情况进行布设。场地的布设一般在距竞赛起航半小时～5分钟前完成。

（4）工作船艇

①工作船艇

帆船赛需要 120～160 艘各类工作船艇。

②采用材质

除起点船、终点船、媒体船及贵宾船需要中大型船艇外。其他船只如布标船、救生船、海警巡逻艇等都需要采用玻璃钢艇或硬底橡皮艇。使用橡皮艇的原因是在海上操作及实施救护任务时不会碰伤选手及工作对象。

③特殊要求

电视摄像船有特殊要求，船上配备专用防水、防摇的装置。

（5）裁判船只

①必用设施

在帆船竞赛中用于组织和指挥的必用设施。

②国际旗语

传递命令采用国际旗语旗："红旗"表示竞赛帆船必须按顺时针方向绕过规定标志；"绿旗"表示帆船必须按逆时针方向绕过标志。

③预告信号

在横桅杆上升起某一个级别旗时，表示该级别的预告信号，离起航还有 10 分钟。"P"字旗，表示离起航还有 5 分钟，以后每隔 1 分钟，按 4、3、2、1 的次序用音响信号通知每一艘帆船。

器材设施

（1）帆船分类

①风浪板

帆船与冲浪板的结合。可依不同要求的竞速、曲道、花式而设计不同的浪板。有过浪、转向、飞跃、空翻等动作。

②轻舟型

船身构造简单，不具船舱。尺寸大小不同，竞赛时有一定的船型规定。一般用于训练、娱乐、运动或竞赛。

③小舱型

船内应具睡眠、烹饪、盥洗、贮藏等空间。以中程海上活动为考量设计。

④大舱型

船内应具小舱型设备外，另有客厅、卫浴、贮存空间，以长时间在海上活动为考量设计。

（2）竞赛船型

①类别

国际帆船竞赛规则规定，参加竞赛的运动员可以自带船和帆，只要经过测量委员会的级别规定，丈量合格者均可参水竞赛。帆船种类繁多，主要可分为龙骨船、稳向板船、多体船、帆板及古帆船五大类。

②龙骨艇

有单桅、多桅之分，长 6.50～22 米，船体的中下部突出一块铁舵或铅舵，用以稳定船体，减小船体横移。这种艇最小的由 2～3 人操纵，最大的由 15 人或更多的人操纵。一般说来，龙骨船排水量大、构造复杂、价格昂贵，需要多人操纵，适合于较长距离海上竞赛和远海探险。龙骨艇稳定性能好，只能在深水中航行。

③稳向艇

在船体中部有个槽，安放稳向板。此板根据需要可以上下移动。最大的船体长 6 米，最小的长 2 米，由 1～2 人操纵。这类船艇轻而快，设备较简单易制造。稳向板船具有小巧、灵活、造价低、便于操纵、易于普及等特点。11 个级别中的帆船项目大多是这种船。

④多体船

有双体船与三体船之分，国际帆船联合会承认作为国际竞赛用的船型。目前，中国有"飞行荷兰人"（双人）艇和"芬兰人"（单人）艇两种。

⑤帆板

没有舵，只有尾鳍。鲜明特征是操帆者站在一块滑行板上航行。

⑥古帆船

完全仿古设计的帆船，通常为多桅布局，装饰华丽，以进行娱乐性竞赛和训练水手海上操作为主。

（3）帆船构成

①构成

帆船主要由船体、桅杆、稳向板或龙骨、舵、帆和索具组成，船体的主要制作材料为木材或玻璃钢。船上配有掌握航向的罗经，大型帆船为适应远洋长距离竞赛的要求，还配有全球卫星定位系统，无线通信联络系统等。

②前帆

主桅杆前面使用的帆。

③前支索

桅杆顶向前船艏拉撑，并可将前帆扣上的钢索。

④控帆索

主要的控制绳索，可放出或收紧及固定，本图指前帆索。

⑤主帆

升在主桅杆之后的帆。

⑥帆骨

由帆后缘插入之扁条状物，为维持良好帆形。

⑦主帆索

控制主帆角度的绳索。

⑧帆桁

伸长状，用以固定支撑主帆底部用。

⑨帆桁下拉索

把帆桁往下拉紧或支撑的索具，以防帆桁向上举起。

⑩桅杆

由木质或铝质做成的长杆有钢缆支撑住，用来升降及伸展帆用；

⑪侧支索

用以固定桅杆侧向的拉索。

⑫中央板

船体下方可调整吃水深度的板（以轴心为主，前后升降式），迎风航向时，用以保持航向稳定。

⑬方向舵

用以控制船行进方向的装置。

（4）帆板分类

帆板的分类项目较多，主要有米氏板、翻波板、休闲帆板、温德色费尔板等，这些项目的分类主要是根据板型和功能差异进行划分。国际最流行的是米式板、翻波板和休闲帆板。其中，米氏板是奥运会的竞赛项目。

（5）帆板构成

①组成

帆板器材简单轻便，国际统一型号的密斯特拉级帆板板体长 3.72 米，宽 0.65 米，厚 0.2 米，桅长 4.95 米，帆杆长 2.2～2.4 米，帆 7.4 平方米，全套重量 20 千克以下，竞赛适合在大风大浪的海面上进行，也可以在内陆的江河湖泊中进行，有风的水面上都能开展。

②稳向板

帆板前进时可以起到减少板体横移，提高前进效率和稳定航向的作用。稳向板上下活动可以改变板体侧面阻力中心位置。

③尾鳍

可以减少帆板曲线航行。

④帆具

桅、帆杆连同帆前后角索等装置。是为了支撑和调整帆。桅、帆杆及其附属装置与它们所支持的帆，构成帆板前进的动力源。

⑤加长管

桅有了加长管就可以配合级别规则规定的大、小帆型使用，使其适用性更大。运动员可以根据风力的大小改变桅杆高度，便于操帆。

⑥万向节

是板体与桅杆的分合装置，它可以使桅杆随意转动和倾斜，使帆和风十分合理地接触，获得最大的前进动力。桅杆通过万向节改变帆受风的中心位置。与侧面阻力中心形成力偶，促使帆板改变航向。万向节上联桅帆动力，下接板体，承上启下将推力传递给板体，使其前进。万向节有多种形式，但任何一种都应具备转动上的灵活可靠性。

与桅装配的轴向性和抗弯曲的刚性及弹性。

⑦帆插板

帆系柔性体，帆插板犹如鱼的骨棘，它可以在帆受风时保持理想的设计帆型，充分利用空气动力，提高帆的效率。

⑧板体

这个类似墨鱼盖的浮力体，其首上翘较尖，尾部较平滑，适合于半滑或滑行艇原理。米板底部做成导流型凹线。起到稳定板体、加速滑行的作用。

⑨桅滑轨

这种装置使帆具又增加了纵向移动的自由度。这种移动可以改变帆力的前后位置，进一步满足了各种风向、风速操作的需要。

⑩脚套

不要小视脚套在板体上的排列和使用位置。它不仅在人、板、帆这个相对水面的系统中给驾驶者一个可靠的支点，而且对调整板体倾角和风向角有至关重要的作用。

⑪帆角索装置

帆角索主要由绳索和滑轮组成。前角索主要用于调整桅杆弯度，减少帆胶缘弧度；后角索用于调整帆后缘最大弧度前移，起到逐渐减少帆弧的作用，按驶帆时风的大小、帆型的不同，前后配合调整，提高帆的效率。

（6）安全设备

①救生背

心每人必备要有一件合格且合宜的背心，孩童必备为他们准备特别尺寸的背心。

②救生圈

安置在船上容易使用的位置，有人落水时能很快地抛向落水者。

③其他

另需备急救药包、泵浦、水桶、灭火器、锚具与锚绳索、海图、雾号、防水电筒、火焰信号弹、辅助引擎、航行灯、通信器材、望远镜等。

④使用

不仅保护船只设备也保护个人，必备知道它们的位置与正确使用方法，并且要使用它才有效。

（7）海图

海图是供航海使用的一种专用地图。在海图上比较详细地标、绘、注有各种与航海有关的材料。例如，海岸、港湾的形状，岛屿、障碍物、礁石、浅滩的位置，助航标志的位置及性质，水深、底质、磁差、潮汐和潮流的情况等。有了海图并能正确地识别与使用它，就可以在图上进行各种图解和解算各种有关的航海问题，因此海图是航海工作不可缺少的重要资料。

（8）磁罗经

①定义

磁罗经是用来指示船舶航向和观测物标方位的仪器。它的指向原理是根据地磁对于自由磁针"同性相斥、异性相吸"的磁力作用，使磁针的两端指向地磁的南北极，从而达到指向的目的。尽管现代高新航用仪器发展日新月异，但由于磁罗经具有的可靠性和使用方便等特点，至今仍被广泛应用，是船舶必备的仪器。

②构造

一般船舶用磁罗经有驾驶罗经和标准罗经之分。标准罗经上装有方位圈，用来观测船位、太阳和物标方位等。小型船使用的磁罗经主要由罗经盆和罗经台座两部分组成。罗经盆主要由盆体、罗经液、注液孔、罗经盘及轴针、轴帽和罗经基线等部分组成。罗经台座主要用于安装罗经盘、磁棒等校差器材和照明装置。罗经台座上有平衡环，罗经盆架在平衡环上，使用时始终保持水平。

③分类

在航海运动中磁罗经作为一种必备的基本导航仪器，有对稳向板型帆船，有安装在船上的固定式驾驶磁罗、电子罗经和观测物标方位用的手持式罗经。

④用途

在帆船运动中，一般用于把握航向，观测物标或障碍物的方位，观测判别风向、流向和选择布置训练、竞赛场地。

⑤事项

磁罗经应安装在船的首尾线上，其基线应与船的首尾线重合或平行，罗经台座应安装平正。罗经周围不应放置铁磁物件。无论是固定式还是手持式罗经，使用时都应始终保持罗经体水平，这样才能保证观测精度。

（9）助航标志

①定义

助航标志简称航标，是显示竞赛航道的标志物。用金属或泡沫塑料等制成的旗、旗杆等。设在沿海港湾、陆岸、岛屿及内河航道上，是用来帮助驾驶人员辨认航道、测定船位、避开危险物和障碍物的一种人工标志。规则规定，竞赛时，帆船必须从规定的一边绕过或通过任一标志物。

②灯塔

灯塔大都建在重要航道附近的岛屿或陆岸上，是塔状建筑物，塔身涂有显著颜色，顶部装有强力光源，夜间发射规定颜色和性质的灯光。一般装有雾警设备，在能见度不良时，发出规定的音响信号，以引起来往船只的注意。有的灯塔还设有无线电装置，提供船舶定位或导航用。灯塔有专人看守。

③灯桩

灯桩与灯塔的作用相同，但构造简单。一般是用钢架、混凝土或石块砌成的建筑物，顶部装有发光的装置。照射距离较近，分有人看守和无人看守两种。

④灯船

灯船大多设置在不能设置灯塔的重要航道附近，用以指示船舶进出港或指示浅滩等险区。多涂红色，两侧标有灯船名称或号米。有的灯船还装有雾警设备等。海图上灯船用符号表示，其位置在符号底部的圆圈中心。

⑤灯浮标

浮标大多设在无法设置灯塔的港口、航道或内河上，用来指示航道或障碍物的位置，灯浮标下装有沉锤或铁锚等设备。有的灯浮标装有不同形状的顶标，以便于区别。

⑥立标

立标大多设在港口航道的两岸或离岸不远的浅水中。一般用铁架或木杆构成，并装有各种形状的顶标。设在水中的立标用于指示航道或障碍物、浅滩的位置，设在岸上的立标供导航、测速或校正磁罗经时使用。

⑦浮标

浮标与灯浮标作用相同，构造相似，但无发光设备。

（10）气流线

帆上气流线漂流情况能表示出帆的受风状态，上下风帆面上的气流线与帆后缘气流线都是顺畅地向后飘动，帆受风最佳。

（11）衣着配备

①清洁

舒适合身的衣物，防滑并能保护双足的白色底的水手鞋且不会将漂亮甲板踩脏，就如同到别人家中入门后必先脱鞋，以示尊重并保持清洁。

②衣物

能遮阳的水手帽、防晒油及最好附有防护带子的遮阳眼镜。多带些保暖衣物以抵挡海风时使用，防水夹克更能保持身体的干爽。

③保护

工作时带上手套也能在拉索时保护双手。防水提袋及全天候航行衣裤都是用于恶劣天气的最好装备。

3. 帆船运动技术

航行原理

（1）动力来源

①风力

利用风力的基本动力在水上行驶，并由人来操控改变方向前进。

②推进

坐着，一手操作舵杆，一手操控悬挂于垂直船身上桅杆的帆面角度来推进，称为"帆船"。

③方向

站立,在一块狭长的板子上,用双手操控可以随意改变方向的帆,称为"风浪板"。

④逆风

帆船的最大动力来源是"伯努利效应",也就是说当空气流经一类似机翼的弧面时,会产生一个向前向上的吸引力。因此,帆船才有可能朝某角度的逆风方向前进。而顺风航行时,"伯努利效应"消失,船只反而不能达到最高速。

(2)航向限制

①Z字形

帆船的航向也不是完全没有限制,在正逆风左右各约45°内,是无法产生有效益的前进力的。但是太顺风也不是很好,这时"伯努利效应"消失,船速会再度慢下来,同时也进入不稳定状态。而有逆风航行能力的船,若要往逆风方向前进,必须采取Z字形的路线才能到达目的地。

②季节风

不能张成有效弧形的帆,是没有逆风航行能力的。这些船只航行于大海上,往往要依照季节改变方向的季节风,才能有去有回。像现代的帆船,都拥有良好的逆风航行能力。

活动方式

(1)训练型

专为驾帆航行的基本知识与技术所设计的。

(2)竞赛型

风浪板与帆船各国均有举行竞赛,大致上有曲道赛、绕标赛、花式赛、长距离赛等。中国有中正杯、青年杯、自由杯等竞赛项目。

(3)休闲型

以赏景、船钓、潜水、远航、探险或驾乘帆船于水域上体验为目的。

安全技能

(1)基本知识

①重要性

不论做任何户外运动,基本安全常识都是很重要的必修课题,否则常会因为一时的疏忽或不了解情况而使自己受伤，风帆运动当然也不例外。甚至比起其他运动，它的安全常识范围更要广泛很多。

②准备充足

了解天气、睡眠要充足、远离酒精类。观察当日海况、航程的规划、检查船艇、结伴出航、接受教练的指导、救生艇的备便等。

③靠离米头

选择米头的下风，帆船迎风与米头成 $450°$ 的方位减速靠近，然后用舵和帆调整帆船到顶风或飘帆时与米头接触。风大时一定要注意安全，避免碰坏船只，最好是米头上有人帮助扶一下。

④靠离海岸

帆船水上出航和回航不可避免地要靠离海岸，特别是风浪天气，难度较大。

⑤海岸出航

事先观察好风向、水深、水流、有无礁石等情况后，选择好出航位置和航向。迎风出航时，将升好帆的帆船托入舵及稳向板放好所能允许的水深处。如果有浪，需在两个浪之间将船推一下，舵手从船尾上船，收帆使船迎风驶出。横风和顺风出航就容易一些。

⑥注意登船

注意登船礼仪，首先需征得船长同意方可登船，受邀后方可进入别人的房子。登船时要非常小心，尤其是低潮位时使用船梯或由小艇接驳上大船时，跨越舷缆时，脚要后弯跨过以维持身体重心，登船后将自己个人装备放置在船舱适当的位置，并预防当船身倾斜时会移动掉落。

⑦小心行走

帆船会时常保持倾斜或突然地未预料的倾斜，尤其是对初学者尚未能习惯在倾斜船身中活动，记住为您自己着想。用一只手抓牢身旁的舷索、舱顶杆，或任何各种船上固定的装置就能帮助您站稳，走动时身体稍微弯腰行进，保持重心降低，并注意不要撞上桁桅或让它撞上您。在甲板上走动为了安全永远记得走在上风侧。

⑧防止意外

要确定天气、海流、水流、风向、潮汐等影响因素，观察各种随时变化，有变化立即回航，并进行航程规划及船艇检查，切勿单独行动。一定要穿着救生衣及安全索具，以防意外落水。甲板行走时，应走在上风侧，预留救生支持管道，衡量自己体力的负荷程度。如遇难于水上漂流时，勿放弃风帆，以利救援。

⑨回航

仍然是观察好风向、水深及礁石情况，选择好靠岸位置。迎风靠岸时，可以保持好船速，等到达选择好的位置前使船顶风减速，人员跳入水中将船拉向岸边。顺风靠岸，特别是在风浪天气，千万注意控制船速和浪的间隙。

（2）意外情况

如果不幸在海上发生了装备的损坏而导致无法回航，首先必须要冷静下来。因为在大海中央，任何惊慌下所做的判断都可能导致重大失误。不论离岸多近，千万不要弃船游回岸上，因为脚下随时可能有强劲的海流将你卷走。

①风浪很大

如果风浪很大，那你可以将帆组拆掉，趴在帆板上，慢慢地向岸边的方向划，不要舍不得你的帆，因为在强风大浪中，如果人和整组装备一起被卷到浪里是很危险的，角度不对的话，断手断脚也是有可能的。

②风浪平缓

如果风浪较为平缓的话，那么就不需要太紧张，只要慢慢朝着岸边的方向划，早晚都会到岸的。总之，一定要记住不能弃板。

基本知识

（1）灯标识别

各种灯标是用不同的灯质来区分的。灯质包括光色、灯光节奏和灯光周期。

①光色

就是灯光的颜色。常见的有白、红、绿、黄四种颜色。

②灯光节奏

是指灯光周期性的明暗规律。例如，定光、闪光、联闪光、明暗光、联明暗光、等间光、互闪光、互联闪光、互明暗光、长闪光、短闪光、快闪光、快联闪光、甚快闪光、甚快联闪光、莫尔斯灯光等。

③灯光周期

是指有节奏的灯光，自开始到以同样的节奏重复时所经过的时间间隔。单位为秒。

④符号识别

海图上灯标符号的识别，如互闪白红 15 秒 50 米 18 海里，则表示该灯塔有白红两种颜色的闪光，闪光周期 15 秒，该灯塔高 50 米，灯光射程 18 海里。

（2）海图识别

①海图标题栏

每张海图在图角空白处都有标题栏，其内容包括图名、比例尺、基准纬度、投影方法、测量年份及资料来源，深度、高程的单位及基准高、潮信表、各种警告及注意事项。

②深度基准面和高程基准面

深度基准面

是计算海图水深的起算面。中国采用理论深度基准面，即以理论上的最低低潮面作为深度基准面，这样海图上标注的一般比实际水深小，有利于保证船舶航行安全。

高程基准面

山高或岛屿高一般以 1956 年黄海平均海面为基准面起算。台湾、舟山及远离大陆的沿海岛屿的高程基准面，采用当地平均海面，海南岛采用榆林港平均海面。干出礁、干出滩等干出的高度是从深度基准面起算，灯塔、灯桩及沿海地区陆上发光灯标的高度，是从平均大潮面起算。

③海图注解

主要包括图号、图幅注解、刊行机构和刊行日期及小改正等方面的内容。

④海图图式

海图的图幅是有限的，为了简明醒目又易辨认，将海洋和沿岸上的各种航海资料，以各种符号和简字的形式标绘在海图上，叫作海图图式。

（3）计量单位

①节

陆上的车辆和空中的飞机，以及江河船舶，其速度计量单位多用千米／小时，而海船的速度单位却称作"节"。1节等于每小时1海里，也就是每小时行驶1.852千米。航海上计量短距离的单位是"链"，1链等于1/10海里。

②海里

海上的长度单位。它原指地球子午线上纬度1分的长度，由于地球略呈椭球体状，不同纬度处的1分弧度略有差异。在赤道上1海里约等于1 843米；纬度45°处约等于1 852.2米，两极约等于1 861.6米。1929年国际水文地理学会议，通过用1分平均长度1 852米作为1海里；1948年国际人命安全会议承认，1 852米或6 076.115英尺为1海里，故国际上采用1 852米为标准海里长度。中国承认这一标准，用代号"M"表示。

基本操作

（1）设主桅

将桅杆上配件、绳索整理好，同时将船舱内桅座位置清理好。一人进入船舱，把桅脚对准桅座；另一人将桅杆扶正，将桅脚插入桅座，并将桅杆推进桅夹板槽中。一人扶桅，一人将两边侧支索及前支索固定好。

（2）升主帆

将帆杆的一端安装在桅杆上，另一端暂用升帆索系住。将主帆缭绳按规定走向在帆杆和主帆滑轨上的主帆滑轮安装好，并略收紧主帆缭绳，帆杆位于船中央。如风略大，必须使船处于顶风位置。将主帆的下边嵌入帆杆槽内，并固定好前下角和后下角。将主帆顶端用活连环结在主帆升帆索上，将前帆边嵌入桅杆槽内，将主帆升起。起帆索应平行于桅杆往上拉，升帆的同时将帆板条插入帆板条袋中，并应注意桅槽内的前帆边要徐徐上升，以免卡住或脱出。帆升到桅顶限制线，固定好起帆索，并整理好，以免落帆时打结。

（3）升前帆

将前帆下前角钢索固定在船艏环上。将前帆缭绳系于前帆下后角上，并从左右舷在侧支索内侧拉入船舷内，穿过前帆操纵滑轮，然后两个绳索头各打一个半结以防滑脱。前帆起帆钢索用活连环连结前帆顶端，然后升起前帆，一人利用拉紧前支索的力量将起帆索拉紧后挂在桅杆底部的紧缩器上，将起帆钢索锁住。

（4）安装舵

将舵内侧的舵针装在船尾板的舵钮上，并将舵柄装配好。

（5）稳向板

稳向板插入船中央的稳向槽中，使其上下升降畅通。调整好操纵稳向板升降的橡筋和绳索。

捕风技术

（1）认识风向

风向是指风吹来的方向。一般用 16 方位来表示。

（2）了解风速

风速是指单位时间内空气在水平方向所流动的距离。最常用的单位为米/秒、千米/小时和节。

（3）学会观察

架帆"风行"，是最有享受感的运动。帆船竞赛是各项运功中最超然的，因为对手不是别人，而是自己及复杂的大自然。对于所有帆船初学者来说，首先应该培养对于风、水流及它们之间变化的高度敏感性。"观察环境"意味着时刻关注风向、天气、波浪、水流和距离岸边的距离。通过体会这些环境因素并且预测周围的变化，将会不依靠他人在各种不同的环境中自信地航行。

（4）随风用帆

其中最大的乐趣就是与变化不定的风进行抗争。航行时，水手要知道风从哪个方向吹？这时最能唤回运动者最古老的若干本能，做一个合格的捕风人，必须具备特殊的判断力。所以，帆船运动需要更多的智力，运动者除必须的体力外，还要有丰富的本能智慧，后天的判断能力，必须让风与帆保持适当的角度才能快速前进。

帆的操作

（1）帆的升力

帆船使用的帆是有弧度的。根据伯努利定理，流速快的一边压力小，流速慢的一边压力大，因此帆的上风面和下风面产生压力差，这个压力差就是帆的升力。

（2）顺风行帆

利用这个原理，帆就成为船的推进装置，风鼓动帆，船顺风而行。而这正是单桅帆船和双桅船自由航行的样子。将船掉向顺风，转动桅杆使它与船的底板中心线成90°，这样帆可以阻挡风并使船顺风前行。这很有效，但限制了你的目的地，除非风向改变，否则你无法驶回原地。

（3）垂直风行帆

如果你想垂直风行驶，你需将帆拉成与底板中心线成45°并将船头与风垂直，这被称作驶离风或驶入风。看一下帆的顶部，它被塑造的像从侧面看的翼，从向前弯曲的帆通过的风随着经过较短有桅的帆时一定会在同时到达帆的曲面，所以会速度很快。这在帆的前面形成一个小压力，舵、龙骨和中插板抵消了这个侧拉力并使船以垂直风的方向滑行。

（4）逆风行帆

帆船前进时，风作用在帆上产生一个横向的升力。为使帆船不发生横移，就要依靠船的流线型及船底的龙骨和稳向板带来的横向阻力，横向阻力会与帆的横向升力抵消一部分，但残存的横向升力和帆船的前进力形成一种合力，推动帆船斜向前进。

越浪滑行

（1）重要性

在顺风航行中，帆船利用涌浪的推动，滑行一个浪或几个浪，使船快速前进很容易做到。但是保持连续不断的滑行，在航线中始终保持滑行状态，才能取得竞赛的胜利。

（2）控制平衡

越浪滑行时，首先要控制船体的平衡，防止涌浪对船推动后发生船体失控现象。在船没开始加速时，可使船稍微做迎风偏转，建立起更快的速度，随着速度的增加，再做顺风偏转，一直保持这种速度跑下去，找准下涌浪的前部，使船以头低尾高的状态继续滑行。

（3）前后移动

身体在控制船体平衡的同时要做前后移动以加重船的下滑力。要根据涌浪运动速度与船滑行速度来确定航向与浪运动方向的角度。如果船速过快，则切不可让船艏扎进前边涌浪的背部；如果船速减慢，就需马上拉帆加快船速。

（4）偏转技术

另外，还可以做迎风偏转以获得船速，获得船速后再稍做顺风偏转，穿过涌浪去追赶前面的涌浪。有时船速过快，也可以做顺风偏转。

（5）风向角控制

风向角要控制好，不能过大，要谨慎地改变风向角，这时的航向角可能达到尾风航线行驶。在准备驶到前面的涌浪时，船一定要保持足够的快速。只要操作合理，时机掌握准确，帆船就会在涌浪的前面下坡行驶，就会以高速滑行。

（6）稳向板高度

在涌浪滑行中，稳向板的高度通常要根据选手驾驶帆船的技术水平而定，水平低的选手稳向板只能提起1/4左右，水平较高的可以提起1/2以上。在滑行涌浪时，稳向板起到了重要的作用。在顺风航线中，稳向板不只是起到了控制船体平衡的作用，而且也对帆船改变航向起到了一定的作用。

转向技术

（1）基本定义

帆船向上风或下风偏转，船的艏艉连线越过了风向线，主帆驶风杆由船的一舷换到了另一舷，即为迎风转向或顺风转向。

（2）转向配合

完成转向的动作幅度远大于偏转，为了使船越过风向线，驶风杆顺利换到另一舷，要求船必须有一定的速度，帆和舵也要密切配合。

（3）一般转向

船在正常风速时，一般都能保持相当的速度，在收帆的同时给一个恰当的舵量，船迎着风越过风向线而换舷行驶并不困难。

（4）小风转向

在风速很小或风浪较大的情况下，新手完成迎风转向可能会遇到一些麻烦。关键在于如何跨越前迎风到没有推进力产生顶风角度这个短暂的阶段。

①风速很小时

小风和大风大浪时的表现形式是完全不相同的。风速很小时，前迎风行驶速度很低，船较正直，舵效和惯性很小。

②迎风转向时

迎风转向时很可能船艏刚到或者达不到风向线，就失去了转动惯性，帆因受不到风而失速，会发生缓缓的倒退现象。这时仍给反舵，让船在后退中越过风向线。

③顶着风向时

有时船会顶着风向停在那里不动，这时千万不能拉紧帆的缭绳，而应把缭绳松开一些，等船动起来之后再见机行事。

（5）大风转向

大风大浪中，船进入前迎风就会严重横倾，甚至躺在水面上而失速，这种情况下迎风转向，船艏到不了风向线就会被风浪打向下风方向。

①迎风转向

这时只能选择在风速不连贯的一刹那，船的横倾角度变得较小的瞬间，利用惯性完成迎风转向。

②顺风转向

有时可能连这样短暂的机会也没有，只好用顺风转向的方法来完成必须进行的转向。不能顺利完成迎风转向的代价，不单是损失了速度，更多的是损失了与目标位置之间上风方面的高度，需要多跑更长的迎风路程才能弥补。

最大的问题是，在失速过程中无法有效地控制船，有可能与周围船发生碰撞或挂扯周围的船而犯规。

旋转技术

帆船的 $360°$ 旋转，是迎风偏转、迎风转向、顺风偏转和顺风转向技术的组合和连贯，只要按照各项转动技术的要求，把四项技术按顺时针或逆时针方向连接即可。在迎风航程和顺风航程中，旋转的方向是有区别的。

（1）迎风旋转

在迎风航程中做360°或720°旋转时，应采用先迎风偏转，而不是顺风偏转。

①迎风偏转

在迎风航程中，帆船都是尽力地向上风行驶，减少帆船向下风行驶。在迎风航程中需要做360°旋转时，选择第一个技术是迎风偏转，是因为通过迎风偏转和迎风转向后的船速会明显地减慢。

②顺风偏转

做顺风偏转时的旋转速度就慢，旋转的轨迹短，向下风行驶的距离也就短，而且顺风换舷后的迎风偏转可以加快船速，尽快达到迎风最佳速度。另外，船在完成旋转后，可以继续执行原来的航向计划。

（2）顺风旋转

①顺风偏转

在顺风航程中的360°或720°旋转，应先顺风偏转，可以缩短顺风航程的偏转轨迹。

②迎风偏转

而在顺风航程中的旋转360°，是尽可能地缩短迎风偏转的轨迹，在顺风偏转时加快船速。

逆风技术

（1）技术原理

帆船逆风而行所靠的最主要动力是吸力。根据空气动力学原理，流体速度增加，压力就会减低。空气要绕过向外弯曲的帆面，必须加快速度，于是压力减小，产生吸力，把船帆扯向一边。船帆背风一面因压力降低而产生的吸力相当大，可比迎风一面把帆推动的力量大1倍。

风在帆两侧产生的吸力和推力，使船侧向行驶。但中插板阻止船侧向行驶，于是，风力分解为两个分力，一个分力推动帆船向前行驶，另一个分力则使船向背风一面倾侧，要由帆舵手在船的另一边探身出外，保持平衡。

（2）抢风行船

①顶着风航行

帆船不能完全正面顶着风航行。一艘长 12 米的帆船可与风向成 12°～15°的夹角逆风行驶。

②迎着风航行

如果要正面迎着风的方向前进，必须以"之"字形路线航行。逆风行驶时，船与风向的夹角越小，速度越慢。舵手若以角度较大的"之"字形路线航行，船速会加快，不过航程会更长。

直线驶技术

（1）基本定义

直线驶的广泛含义是指帆船在做直线或近似直线航行的状态或过程。从另一个角度可以理解为帆船不做转向的航行都可称为直线驶。但是，直线驶也可理解为当帆船保持某一风向角或保持某一目标方位的航行都称为直线驶。

帆船行驶速度的快慢由三个因素决定，即器材的质量性能、器材调整状态的科学性、水上航行中器材可控状态的科学性。操纵技术就是船员通过锻炼具备一定的身体机能，可以有效地控制船器材，在各种风向角、各种风浪中能长时间稳定地保持在科学合理的状态，从而获得优越的直线驶速度的方法和手段。

（2）船体平衡

在 4 米／秒以下的风速中，调整船向下风倾斜行驶和保持船体水平行驶。在小风中船体的倾斜程度是非常容易控制的，利用船员的身体控制船体向下风倾斜 50°左右。倾斜是使帆在重力下有较好的形状，产生最大的浮升力，有利于船的速度。

①目的

船体水平行驶是为了更好地符合帆船理论设计，减小水下阻力。另外，根据风的梯度变化，离水面越高风力越大的原理，帆船水平行驶时，桅杆的高度最高。

②水平

在中、大风时，帆船迎风行驶中，基本上要保持船体是水平的。

③下风

在做迎风偏转减小风向角时，船体稍微向下风倾斜几度。

④上风

在做顺风偏转加速时，也可向上风倾斜几度。

⑤控制

在大风中，船体的倾斜必须在船员的控制能力范围内。

⑥配合

迎风直线驶的操作技术中，控制船体平衡，除依靠身体的移动外，主帆和舵的协调配合是保持船体平衡的最好方法。

（3）舵帆操作

①幅度

舵在帆船航行时的作用很关键，通常在迎风直线行驶的操作中，在保持最佳的风向角、舵在正常调整时，摆动幅度要尽量小，调整频率要根据航向及帆的受力情况而定．

②调整

调整舵要有提前量，不能等到事情已发生后再作出调整。没有特殊的情况，绝不能出现过猛的、大幅度的摆动舵的现象。如果对舵的调整过于死板，调整次数较少，就很难保持船行驶的最佳状态。在直线行驶中，要保持船的最佳状态，舵的调整起到很重要的作用。

③判断

帆是帆船行驶的发动机，帆的最佳受风状态可使帆发挥出最大能量，使船的速度达到最快。在迎风直线驶中，帆的最佳受风状态是通过帆前边向后 0.1 米～ 0.2 米处的气流线和帆后缘边上的气流线飘动状态来判断，帆前缘的气流线和上、下风气流线都向后飘动为最佳状态。如果上风的气流线乱飘动，这是帆过松；下风气流线乱飘，这是帆过紧。帆后缘的气流线向后飘，这是最佳。如果气流线向上风飘动，帆过松；气流线向下风飘动，帆过紧。

④协调

在操作主帆时，主帆的夹绳器绝不能夹住缭绳不动，因此，应时刻调整，保持帆的受风在最佳范围内。在迎风直线驶时，主缭的调整非常重要，调整范围也增大，有时可能增大至 0.2 米。舵与帆的密切配合是非常重要的，船员要一手操主帆缭绳，一手扣舵柄，两手的动作一定要协调，要做到推舵时收帆，拉舵时松帆。

（4）顺风直驶

顺风航线和横风航线的概念，没有明确区分，通常风向角在 130 度～ 170 度都称为顺风航线，风向角在 170 度～ 180 度时叫尾风。

在小风的顺风直线驶操作中，首先是船员的情绪要稳定，不急躁，细心地操作主帆和球帆。

（5）阵风直驶

在航行中经常会遇到阵风，阵风时的风速要比阵风前的风速大，在阵风来临前瞬间的风速可能突然减小，然后又突然加大，阵风过后，也有缓慢降速，恢复到正常风速。在迎风直线驶的操作中，当遇到阵风将来临时，首先要做好思想准备和技术动作准备，控制船体的平衡，防止阵风前瞬间的弱风现象。在阵风来临时，常见的操作技术有以下三种。

①保持平衡

放松主帆，稍微地拉一点舵，使风向角增大，目的就是利用阵风，提高船的速度。采用这种操作技术是遇到较大的风力时。

②保持航向

精力集中感觉阵风的风向和风速的变化，及时调整帆角，保持帆的最佳受风，并调整人员的身体，保持船体的平稳行驶，目的也是利用阵风提高船的速度。

③保持帆角

用身体控制船体向下风稍微倾斜（特大风速、难控制船体平衡时除外），然后推舵收帆，使帆船迎风偏转，目的是利用阵风，抢向上风位置。

（6）迎风直驶

在 4 米／秒以下的风速中，人员的位置通常应该向前移动。在 4～10 米／秒的风速时，人员位置要稍向后移动。在难控制船体平稳时，人员位置还必须再稍向后移。如果在 10 米／秒以上的风速中，人员位置应比中风时再向后移。

风向角选择：

①影响选择因素

在帆船行驶中，迎风的风向角大约在 30 度～ 80 度。既要选择较小的风向角，又要使船保持较快的速度，所以，风向角的选择是迎风角直线驶操作技术的重要环节。帆船器材、风速、涌浪、流向、流速及船员的操作技术都是影响风向角大小的因素。

②根据器材选择

船与船的性能和特点也有差异。这是由于船在制造过程中的工艺技术和组装过程中的稳向板、舵及桅杆位置的不同都可决定船的性能，要根据船的性能决定迎风直线驶中不同风速的最佳风向角。

③根据帆形选择

在气流通过帆时，由于帆的形状不同所产生的浮升力是不同的。因此，帆船的速度和航向角度也有所不同，弧度较小的帆比弧度大的帆更容易行驶小的风向角。

④根据风浪选择

在大风的天气中，气流对帆的压力较大，帆的浮升力增加了，船的横向移动力也相对增大。为了减小船的横移力只有加大前进力，也就是提高船的速度。提高船速，必须加大风向角。如果不加大风向角行驶，船的速度减慢，船的横移力就会相对增大，帆船的绝对速度就会减慢。

⑤根据流向选择

一般是在顶流和下压流时可适当加大点风向角以加快船速，在顺流和上压流时可略减小风向角行驶。同样道理，我们在有涌浪的天气中必须加快船的速度，除了调整帆和身体的移动，最有效的操作技术方法就是放大风向角来达到提高船速的目的。

⑥根据技术选择

在迎风航程直线驶技术上，有的船员习惯行驶小的风向角，力求短的航线距离；有的船员习惯行驶较大的风向角，追求的是帆船的行驶速度；还有的船员在操作中当船的速度较快时做迎风偏转减小风向角，船速减慢了马上拉舵做顺风偏转加大风向角提高船的速度，在做迎风偏转和顺风偏转时推、拉舵的动作缓慢，幅度非常小。通常在迎风直线驶调整风向角时，航向的改变只有几度，不能过大，以免影响船的速度。

（7）横风直驶

①角度

在横顺风航行时，小角度的航行比大角度的航行速度快，在大风时帆船在大角度航行时速度可以保持更快，但在风小时则必须以小角度来提高船速，在横顺风航程中风向角的变化对船速有很大的影响。

②风向角

横风航线中，风向角的选择较为简单，通常只要把航向对准目标方位，保持风向角的稳定，注意保持船的快速行驶就可以。横风直线驶的风向角通常是在80度～110度。

③主帆

在操作中，主帆的滑轨位置向下风移动，同时放松主帆前缘调整绳和斜拉器，让帆的弧度增大，弧度中心后移。

④舵手

舵手要不断地校正航向，防止航向的偏离。在操舵时，要保持相对的稳定，防止有乱摆动的现象。风速在4～10米/秒时，舵、缭手的位置都应向后移动。这时除了舵手用身体调整船体平衡，缭手也要不断做出调整技术动作。在大风时，舵手和缭手的身体尽力向外压，并应尽量靠在一起，随着船在涌浪上的航行，身体要同时做前后移动，以防止船艏冲进浪里，影响船速。

（8）器材故障

①压舷脚带断裂

帆船飘帆后重新系牢或用备用小绳加固。

②副舵柄万向节断裂

风小可暂用正舵柄操作，风大时飘帆用绳暂时系紧。

③主帆下后角松

飘帆后系紧。

④稳向板升降困难

船艏顶风将稳向板降下，暂不升起，回岸后修理。

⑤帆杆上滑轮脱落

备用滑轮和活连环。

运动术语

（1）竞赛航程

帆船竞赛时的实际航行路程。世界帆船锦标赛和中国帆船锦标赛都采用短距离三角绕标航程。三角绕标航程是用3个浮标布置成等腰直角三角形。两个浮标之间的航线长度不小于2海里～2.5海里，相当于3700米～4700米，其直线竞赛航程约为28千米。

全航程的竞赛次序是起航后绕1标志、2标志、3标志，再绕1标志、3标志到达终点，缩短航程的竞赛次序是起航后绕1标志、2标志、3标志即到达终点。在竞赛的航行细则中规定了航程和绕标的方向，所有帆船都必须按规定航行和绕标，否则就按没有完成竞赛对待。

（2）竞赛航标

帆船竞赛水域里的设施，用来显示竞赛航道的标志物。

（3）风向角

①概念

帆船运动驶帆用的术语，指风向同帆船艏尾连线之间的夹角。帆船前进的动力主要依靠风力，而风向对帆推进作用的大小至关重要。运动员必须正确掌握风向角，才能充分利用风力来驾驶帆船。

②度数

各种不同的风向角其区分的度数是：顶风的风向角在0度～30度，前迎风的风向角在30度～60度，后迎风的风向角在60度～80度，横风的风向角在80度～100度，顺风的风向角在100度～170度，尾风的风向角在170度～180度。

（4）主帆

帆船上主要装置的名称。单桅运动帆船上有一桅杆和一个帆，如主帆艇凯特艇上的帆就是主帆。双桅运动帆船上，两桅杆一前一后，有的主桅在前，如意奥尔和克其艇。有的主桅在后，如什胡拉艇。可以认为前帆缘系在主桅上的大三角帆百慕大帆或大四角帆斜桁帆均为主帆。

（5）主桅

帆船上的主要装置附件之一。帆船主要靠帆来受风航行，而帆又必须依附在桅杆上才能扬帆远航。桅杆大都用硬质圆木或金属制成。根据帆船的大小和需要，分单桅帆船和双桅帆船。单桅帆船的桅杆大都位于靠近艇艏的地方。双桅帆一般用于较大的帆船，两根桅杆一前一后。在双桅帆船中分舵前后桅艇和舵后后桅艇，这些帆船上前面的大桅叫做主桅；另一种后桅艇上，后面的桅叫主桅。

（6）左舷

帆船运动术语。船的两侧称为舷。按船尾向船艏的视向，船的左侧称为左舷。

（7）左舷受风

帆船运动技术术语。帆船航行的方向取决于艇体中央纵垂面与风向间的夹角，或取决于帆船方位的角度。当风从船的左侧吹来，主帆位于右舷，这时的帆船就是左舷受风。

（8）右舷

帆船运动术语。船的两侧称为舷。按船尾向船艏的视向，船的右侧称为右舷。

（9）右舷受风

帆船运动技术术语。帆船航行的方向取决于艇体中央纵垂面和风向间的角度，或者说取决于帆船方位的角度。当风从船的右侧吹来，主帆位于左舷，这时的帆船就是右舷受风。

（10）平桨

帆船运动技术术语。帆船运动主要依靠风力作为推进的动力，但在离岸和返回岸边时也要用桨划船。帆船划桨时，先将稳向板提起，这时水对船的阻力作用很小。为了避免桨叶受波浪冲击和减少空气阻力，在划桨过程中，桨叶击水后即用手腕转桨，使桨叶与水面平行，这就是平桨。

（11）信号旗

帆船竞赛时，裁判员组织和指挥竞赛的用具。帆船竞赛的水域较大，要组织好以风力为动力的帆船进行竞赛，只有通过裁判船用国际旗语和音响来传递命令。裁判船的每一种信号旗均用不同颜色和图形代表一个拉丁字母，用以表示一种指令。国际上通常用一面旗或两面旗来表示一个意思，例如，红旗表示竞赛帆船必须按顺时针方向绕过标志，即右舷绕标。绿旗则表示竞赛帆船必须按道时针方向绕过规定标志，即左舷绕标。蓝旗表示终点。

（12）吃水

指船体在水面以下的深度。由于船体底部沿船长的方向不一定平行于水平面，由此沿船长的各部分吃水深度也不相同。在船体前垂线处的吃水，称为前吃水或首吃水，船体后垂线处的吃水，称为后吃水或尾吃水。船体长的中点垂线处称为平均吃水。

（13）压舷

帆船运动技术术语。帆船驶航时，为了充分利用帆面积和强风取得更大的帆动力，一方面使帆船按预定方向行驶，同时又要保持帆船的平稳航行，减少横倾，这时可把船员分布到上风舷一侧，称为压舷。有时为了降低船的重心，进一步增加抗横倾力矩，尽可能使运动员体重探出船外更远的距离，甚至把全部身体悬挂在舷外，称为悬挂压舷。悬挂压舷要有专门的器材装备，如吊索、把手、吊索背带、坐垫、挂环、挂钩等，以保证运动员安全，并使压舷取得满意的效果。

（14）迎风折驶

帆船运动技术术语。运动员在驾驶帆船前进中，如果遇到顶风无法驶帆行进时，可采用曲折航行迎风驶帆的技术，这种技术称为迎风折驶。

（15）抢航

帆船竞赛时所用的术语。根据帆船竞赛规则，正常的起航必须是裁判员的起航信号发出后运动员的帆船通过起航线。如果在起航信号发出之前，参赛帆船的船体、装备或运动员身体的任何部分触及起航线或其延长线，即为抢航。抢航者必须回到起航线的后边重新起航。假如有比较多的帆船抢航，裁判员无法判定哪一条抢航帆船时，可以召回该级别参赛的全部帆船，重新组织起航。

（16）寻

帆船运动术语。航海用的深度单位，一寻约等于 1.82 米长，通常用来在航海用的海图上测量水深。

（17）起航

帆船竞赛用语。帆船竞赛分起航、航行、终点三个阶段。竞赛

开始前 *10* 分钟，裁判船在横桅杆上升起某一级别的旗，表示该级别船离起航还有 *10* 分钟。*5* 分钟后，裁判船升起"P"字旗，预告该级别的帆船离起航还有 *5* 分钟。以后每隔 *1* 分钟，按 *4、3、2、1* 的次序用音响信号通知参赛帆船。起航信号发出后，参赛帆船的船体、船员或装备的任何部分在通向第一浮标的航向时触及起航线，即为起航。竞赛计时也随之开始。

（18）艇舵

帆船装置附件，用来控制帆船航行的方向。帆船的舵有两种：一种是固定舵，具有钢性舵柄的固定式舵叶；另一种是提升式舵，具有分离式的舵柄。固定舵主要用于龙骨艇，而稳向板艇和平底艇通常用提升式舵。

（19）解脱

帆船竞赛中的术语。是指运动员在竞赛中违例而经过相应的惩罚后重新取得竞赛权利。例如，在竞赛中，有运动员的船碰了标志，就必须要自行再绕标一圈，即可解脱。又如有运动员的船碰了其他帆船，就要自行在原地旋转 *720* 度，即可解脱，否则就要增加 *20*%，的名次。

（20）搁浅

帆船运动技术术语。指帆船因掌握方向不当而误入水深小子帆船吃水深度的浅滩上，或因控制不好被风吹在河床浅处或海滩边，失去了浮力无法航行。

4．竞赛项目级别

基本项目

（1）男子

①帆船

两人帆船 *420* 级、帆船 *470* 级。

②帆板

单人帆板轻量级、单人帆板重量级、乐观者级、帆板米氏轻量级、帆板米氏重量级，激光级。

（2）女子

两人帆船 *420* 级；单人帆船欧洲级、帆板米氏级、乐观者级。

（3）公开赛

双人企业级、单人 OK 级、激光级。

竞赛级别

（1）基本级别

①男子帆板

RS：X 级。

②女子帆板

RS：X 级。

③重量级单人艇

芬兰人级。

④女子单人艇

激光雷迪尔级。

⑤单人男子艇

激光级。

⑥男子双人艇

470 级。

⑦女子双人艇

470 级。

⑧双人公开艇

49 人级。

⑨多体公开级

托纳多级。

⑩男子龙骨艇

星级。

⑪女子龙骨艇

英凌级。

（2）单人帆板—RS：X级

单人操纵的统一设计型帆板，长 3.0 米、宽 0.82 米、帆面积 8.5 平方米、板重 14 千克。该级别诞生于 2004 年，是唯一由国际帆联直管的竞赛级别。

（3）重量级艇—芬兰人级

①稳向板型

长 4.5 米、宽 1.51 米、帆面积 10 平方米、船重 145 千克。

②项目要求

该项目要求选手的体重大一些，因为他必须能够驾驭与操控 10 平方米大帆。同时要求选手能掌握复杂的操作技术并具有较好的体能。

（4）女子单人艇—激光雷迪尔

①稳向板型

长 4.23 米、宽 1.42 米、帆面积 6.5 平方米、船重 59 千克。

②主要特点

该船船速较快，易于滑行。船身较轻并有足够的浮力，所以安全性较好，适于在开阔的水面航行。由于船上的操控系统较合理，所以适于各种体重与体形的人驾驶。55 千克～ 75 千克体重的选手可以在同一条件下进行平等竞赛。

（5）男子单人艇—激光级

①稳向板型

长 4.23 米、宽 1.42 米、帆面积 7.06 平方米、船重 59 千克。

②基本概况

该船是由加拿大人布鲁斯荷比设计，20 世纪 60 年代发展起来的项目。最初是作为娱乐型船设计的，多在休假中使用，后来迅速成为世界上最具竞争性的运动类帆船。激光级帆船对运动员体能有很高的要求。它被列入了大部分的重大赛事中。

（6）女子双人艇／男子双人艇—470 级

①稳向板型

有球形帆，长 4.7 米、宽 1.68 米、帆面积 12.6 平方米、球形帆 14 平方米，船重 115 千克。

②主要特点

470 级在世界上开展较普遍，船的操控性能很好。在轻体重选手中较受欢迎。

（7）快速艇—49 人级

①双人操纵的新生代高速帆艇

长 4.99 米、船宽 1.7 米，含侧支架宽 2.99 米、帆面积 59.2 平方米、船重 125 千克。

②主要特点

49 人级是在悉尼 18 英尺级帆船的基础上开发的项目。最高航速可达 25 节。严格的统一设计规则确保了优秀选手不必在器材的科研与开发上投入昂贵的财力。该船具有超大的帆面积，操纵起来有较大的难度。船体两舷各有一个伸出来的侧支架，以便选手获得更大的压舷力距。

（8）多体船—托纳多级

①双人操纵的双体船

是直线速度最快的奥运会级别帆船，长 6.10 米、宽 3.05 米、帆面积 21.8 平方米、船重 140 千克。

②主要特点

双体船与单体船的驾驶要求不同。顺风行驶时操纵的优缺点带来的速度差异很大，在浪中航行较困难。

（9）女子龙骨船—英凌级

①3 人操纵龙骨型帆船

长 6.35 米、宽 1.73 米、帆面积 14 平方米、船重 200 千克～230 千克。

②主要特点

该船适合于女子或青少年驾驶。挪威人于 1967 年设计。该级别在北欧地区较为普及，目前全世界共有 3000 条。

（10）男子龙骨船—星级

①双人操纵龙骨型帆船

长 6.92 米、宽 1.73 米、帆面积 26.9 平方米、船重 662 千克。

②主要特点

星级是资格最老的奥运会帆船项目。该级别于 1911 年由美国人设计。该船的特点是有一个较小的船舱，帆较高，桅杆长而较有弹性。该船较大的帆面积和调整难度要求选手具有高超的技术经验和较大的体重。世界上最优秀的舵手往往出自该级别。

5. 帆船竞赛规则

竞赛简介

（1）目的

帆船帆板竞赛是依靠运动员在海上依据风向、海浪、潮流和船速的不同，不断地调整帆的工作状态，以期保证帆与风向的最佳角度及最佳的航行路线，以求在最短的时间内到达目的地。

（2）关键

通常帆船沿两航标间直线距离前进，并不能保证以最短的时间到达。所以正确地选择航线是取得好成绩的关键之一。

（3）特性

由于风速、风向的不同每轮竞赛的场地也会随时调整和改变。所以帆船帆板竞赛不存在世界纪录和最好成绩。

（4）要求

运动员要取得好成绩除要具备良好的身体素质条件外，还必须具有较高的文化素质，掌握空气动力学、水动力学、气象学、运动生物力学、运动训练学、运动生理与生化和运动心理等多学科的知识，具备敏捷的判断能力、灵活的应变能力。帆航帆板运动既是选手间体能、技能的较量，更是他们间智力的较量。

竞赛分类

（1）场地赛

在一定水域内布下若干浮标，参赛船只统一起航，按照规定的顺序绕过所有标志通过终点后即为一轮结束。每轮竞赛第一名得1分，第二名得2分，以次类推。场地赛中又分个人赛、对抗赛与团体赛。

①个人赛

个人场竞赛一般进行10轮～12轮，去掉第一轮至第二轮最差成绩后，按各轮成绩的积分之和排列出最后的名次，得分最少者为优胜。每轮竞赛一般要进行40分钟～1小时。每天根据风力条件，安排2轮～3轮竞赛。近来采用的竞赛航线均为奥林匹克梯形航线，该航线包含了迎风、横风和尾风航程。由于气象及安全原因，竞赛委员会可以根据风力大小减少竞赛轮次。奥运会和小型帆船的世界锦标赛都是这种竞赛方法。

②对抗赛

多用于大型的或龙骨型帆船的竞赛。其场地图形较简单，属两船之间的对抗。从起航前一直至终点，两船始终在利用规则与战术互相压制对方，以求自己领先到达终点。现代的美洲杯帆船赛即采用了这种竞赛形式。

③团体赛

是两个起航组之间的对抗竞赛。少年级帆船就开设了此项目。

（2）拉力赛

①长距离分段赛

将全部航线分为若干个站点，每个站点单独计算成绩，到达终点后再将各站成绩综合，排出优胜。

②主要特点

此类赛事多为休闲、娱乐或俱乐部之间的交流活动，参赛者可自由选择参加全部赛段或其中几个赛段的竞赛，适合公务或生意繁忙的帆船爱好者。

基本规则

（1）资格

国际帆船竞赛规则规定，参加竞赛的运动员可以自带船和帆，只要经过丈量委员会按级别规定丈量合格者，均可参加竞赛。

（2）轮次

帆船帆板竞赛共进行 *11* 轮，前 *10* 轮选其中最好的 *9* 轮成绩来计算每条帆船的名次。有时因天气情况可减少轮次。

（3）名次

每一轮名次的得分为：第一名得 *1* 分，第二名得 *2* 分，第三名得 *3* 分，以此类推。

（4）起航

起航信号发出后，赛船的船体、船员或装备的任何部分在通向第一标的航向时，触及起航线，即算起航。

（5）抢航

起航信号发出前，赛船的船体、装备或船员身体的任何部分触及起航线或其延长线，均为抢航。抢航者要在规定的时间内按规则规定的方式返回到起航准备区重新起航。

（6）顶风航段

从起点至 *1* 标为顶风航段，帆船（板）不能顶风前进，需要走"之"字形，航向由运动员掌握，判断哪种航向受风为佳，就靠运动员的经验和技术。

（7）航线

梯形航线有两种绕标方式，一种是外绕，一种是内绕。外绕的竞赛航线顺序是：起航－*1*－*2*－*3*－*2*－*3*－终点；内绕的竞赛航线顺序是：起航－*1*－*4*－*1*－*2*－*3*－终点。

（8）用时

帆船竞赛根据竞赛时的气象水文情况确定赛场的大小。不同级别的竞赛用时不同，一般在 *45* 分钟～ *90* 分钟。

（9）形式

帆船竞赛主要有两种形式，一种为集体出发的船队竞赛；另一种为两条船之间一对一的对抗赛。只有索林级竞赛采用一对一的竞赛形式进行，其他竞赛都是集体出发。

（10）航行规则

①基本组成

帆船水上竞赛相遇时要执行一套较为复杂的航行规则。帆船航行规则要比陆上的交通规则复杂得多。运动员要想取得好成绩，就要熟通竞赛规则。如何利用规则压制对手，使自己获利的同时也是运动员与教练员需要潜心研究的重要课题。帆船竞赛规则主要包括航行规则、竞赛实施规则和抗议审理规定三大部分。

②常用规则

左舷来风的帆船要避让右舷来风的船；处于上风位置的船要避让下风的船；当遇到航线浮标或障碍物时，后接近该物体的船要避让已经接近该物体的船，处于外侧的船要避让内侧的船。

③实施规则

主要规定了竞赛的组织与管理规范民，如起航方法与信号等。

④抗议审理

抗议审理规定是一整套解决运动员在水上相遇与相碰产生纠纷后的裁决方法。

⑤信号规则

帆船竞赛的信息交流方式是展示信号，包括视觉信号和听觉信号两种，而且以视觉信号为主要依据。裁判船是在帆船竞赛中用于组织和指挥的设施，所有的信号都是在裁判船上展示的。在起点船信号旗杆上升起某一个级别旗时，表示准备出发，为该级别的预告信号，离起航还有 5 分钟。升起"P"旗，表示离起航还有 4 分钟。降下"P"旗，表示离起航还有 1 分钟。降下级别旗并伴随一声音响信号表示起航。

⑥避让方法

帆船竞赛规则规定了竞赛进行中的各种信号和避让方法，以免碰撞和发生事故，竞赛的帆船必须共同遵守。其中最重要的一条是"公平航行"，必须以高超的技术和最大的速度去赢得胜利，不允许试图用不正当的手段取胜。

⑦航程绕标

在竞赛航行细则中还规定航程和绕标的方向，所有帆船必须按规定的一侧绕标，否则以未完成竞赛处理。如果帆船在竞赛中犯规，则要按"竞赛规则""航行细则"等规定接受惩罚，然后继续竞赛。

⑧抢航犯规

在打开起航线之前，帆船抢先通过起航线者为抢航，个别召回重新起航。如果有较多的帆船抢航，裁判员无法辨明抢航帆船时，则全部召回该级别所有帆船重新起航。帆船从5分钟准备信号开始，必须遵守竞赛航线规则和航行细则。

（11）决赛

前10名的船进入决赛。每条帆船在每一轮竞赛中的名次得分相加，就是该船的总成绩。总成绩得分越少者名次越靠前。最后得分最低的选手获得冠军。

由于帆船竞赛在自然条件下进行，直接受到气象水文条件的影响，所以规定的竞赛轮次可能完不成。因此,帆船竞赛没有绝对的纪录,只有最好成绩。

（12）结束

参赛帆船的船体、装备或运动员身体的任何部分，在按照规定的竞赛航程上绕过了所有规定的标志并触及终点线时，该船即为结束竞赛。

（13）得分

帆船竞赛直线航程约为28千米，共竞赛7场，选其中6场的最好成绩计算每条帆船的名次，按每场竞赛的好名次得分总和来评定成绩。没有被取消资格，没有被封闭在终点线外的帆船，每场各名次的得分为：第一名0分、第二名3分、第三名5.7分、第四名8分、第五名10分、第六名11.7分、第七名和以后名次是排列的名次数再加上6。

帆船到达了终点，如因犯规被取消竞赛资格或被封闭在终点线外的帆船，其名次得分为参加该次竞赛的帆船总数加倍。每条帆船在每场的名次得分相加，就是该船的成绩，总分少者为优胜。

注意事项

（1）注意身体

帆船竞赛在海上进行，而海上情况比较复杂，因此，运动员必须会游泳，并能游较长的距离。此外，运动员要有良好的身体素质，以适应长时间海上风浪的考验。

（2）头脑清醒

国际帆船竞赛，经常在强风中进行，风速每秒 10 米～15 米。既要保持航向和把握航速，又要避免翻船，这就需要运动员尽力去控制帆和船，保持船的平衡。同时又要以清醒的头脑去掌握周围的环境、水的流速、流向和气流变化。

（3）遵守规则

在参赛船只较多的情况下，运动员必须熟悉竞赛规则，避免犯规。此外，运动员还必须懂得检查、整理船上的装备，尤其是调整帆具，以获得最大的动力。

第七章

水球运动的竞赛与裁判

1．水球运动的基本概况

历史发展

（1）起源英国

水球运动起源于 19 世纪中叶的英国，顾名思义是与游泳运动密切相关的。最初是人们游泳时在水中传掷足球的一种娱乐活动，故有"水上足球"之称，后逐渐形成两队之间的竞技水球运动。

随着游泳运动的开展，人们感到项目太少了，竞赛也太单调枯燥，于是就产生了要求开展一项更新、更有趣的水上运动项目的愿望。1860 年在英国曾经流行着两种非正规的竞赛。

一种是抓鸭子竞赛：将鸭子放入水中，运动员下水赶鸭子，谁先抓到鸭子即算获胜。这种竞赛由于残害动物而受到社会舆论的谴责，被迫停止了。

第二种竞赛是人们将苹果桶安上木制的马头并标上赛马场上知名赛马的名字，将桶扔到水里，人们骑在木桶上，手握长柄勺，用长柄勺击打球。

当时，在英国还有一些地方，孩子们将足球踢到水里，在水中将球掷来掷去，起先仅作为一种游戏，以后逐渐形成了两队之间的竞赛。

（2）进入竞赛

1869 年英国出现用小旗标定边线和球门的水球竞赛。

为了竞赛的需要，要求有一个规则来控制这种水上球类竞赛，1870 年 5 月 12 日，伦敦游泳协会指定了一个委员会来起草一份规则。当时，在苏格兰、英格兰某些地区，有球门的水中掷球竞赛已经很流行，各地的叫法却不相同。有的称这种水中竞赛为水上足球，有的叫水上手球，也有称为水上球的。尽管名称不一，竞赛方法却大体相同。竞赛场地的两端各设一个球门，宽度不等，也可用小船停在场地两端作为球门，把球抛进球门或者小船内便算得分；允许压球入水，守门员可以在球门里防守，也可以跃出，抓住企图将球放入门里的进攻者的双手；若球门宽，还可以增加一名守门员。

1876 年 7 月 14 日，被认为第一场正规的水球竞赛是由英国波内蒙斯首相划船俱乐部举办的。竞赛场地长 60 米，宽 40 米。竞赛有一名裁判员和 2 名监门员，每个队上场队员为 7 人，竞赛用球是一个橡皮的足球球胆。同年，苏格兰阿伯顿俱乐部起草制定了一部竞赛规则。那时的规则允许队员脚踏水池底行走。因此，选择前锋并不取决于上乘的游泳技术，而是身材高大和力量大的。

1877 年英格兰伯顿俱乐部聘请威尔森制定了世界上第一部水球竞赛规则。1879 年出现了有球门的水球竞赛。1885 年英国国家业余游泳协会正式承认水球为一项独立的竞赛项目。

（3）走向世界

1890 年首先传入美国，后又逐渐在德国、奥地利、匈牙利等国家广泛开展。在 1900 年第五届奥运会上，水球被列为正式竞赛项目。水球运动从 1973 年开始举办世界水球锦标赛，1979 年国际业余游泳联合会举办了第一届女子水球世界杯赛。1986 年举行的第五届世界游泳锦标赛将女子水球列为正式竞赛项目。

（4）进入中国

水球运动在 20 世纪 20 年代传入中国的香港至广东一带。目前加拿大、荷兰、美国、澳大利亚、德国等国家开展得比较好，水平较高。中国水球队曾在第八届、九届、十届亚运会上连续获得冠军，在第二十三届奥运会上获得了第九名。

20 世纪 20 年代中期，水球由欧美传入香港和广东及沿海城市。香港水球队常到广州表演和竞赛，使水球运动在中国得到了传播。1931 年第五届广东省水上运动会曾设立水球竞赛项目，这是中国最早举行的正式水球竞赛。1942 年在延安举行的运动会上，也曾设水球项目。1948 年在旧中国第七届运动会上，水球被列为表演项目。

解放后水球运动受到了国家的重视。广大教练员和运动员在吸取国外高水平国家的先进技术的同时，结合自己的特点初步形成了快速反击，轮流切入的打法，使运动水平得到了显著的提高。

水球简介

（1）精彩项目

提起水球这项运动，大多数中国观众往往都会将它归入冷门项目的行列。的确，水球这项运动在中国开展得并不普及，在国内一些高水平的水球竞赛中，观众也常常寥寥无几。其实，水球这项又名水上足球的运动，其精彩激烈程度丝毫不逊色于绿茵场上的足球竞赛。

水球竞赛不仅是一项上座率十分高的赛事，在欧美等国更是备受追捧。在美国，水球的普及率超过了足球；在瑞典、挪威和丹麦，水球甚至被称为"第一运动"。

（2）水中项目

水球是新兴的运动项目，一种在水中进行的球类活动，水球运动员在竞赛时以游泳的方式运动，除守门员外两手同时握球是一种犯规行为。

（3）集体项目

水球是一种在水中进行的集体球类运动，是一项结合游泳、手球、篮球、橄榄球的运动。竞赛的目的类似于足球，以射入对方球门次数多的一方为胜。

（4）竞争激烈

①特点

由于水球是在水中进行的集体性项目，且竞赛相当激烈，所以它要求运动员有较强的力量、速度、耐力和灵活性。

②技巧

运动员除一般游泳技术外，还必须具备良好的专项技术，如踩水、起跳、转体、抬头爬泳、快速起动、急停、变向游等。

（5）要求很高

水球运动是体育项目中最累人的项目。水球竞赛分4节，每节7分钟，在这7分钟之内，运动员不得接触游泳池底和边。一场竞赛，每名运动员平均至少要游5000米。所以水球运动不仅要求运动员要有游泳冠军的技巧和耐力，还要具备不亚于足球运动员的传接球和射门功夫，甚至还需要橄榄球运动员的力量。

（6）难度很大

水球运动员一般都身材颀长，竞赛中，身体的85%都在水下。拿球、抢球、踢球、摔抱及拉拽等动作基本在水下进行，使这项竞赛的难度更大。

2．水球运动设施

场地

（1）规格

通常水球竞赛使用一个标准的 50 米游泳池，水深要超过 2 米，这意味着竞赛期间运动员要一直游泳或踩水。男子竞赛场地是 30 米 × 20 米，女子是 25 米 ×20 米。水球球门 2 米宽，0.9 米高，浮在水面上。

（2）池水

必须使用清洁池水，水温不得低于 24 度和高于 26 度。

（3）光照

光照强度不得少于 1000 勒克司。

（4）浮标

竞赛区用浮绳标出。彩色浮标标出了竞赛区内的各种标记。白色浮标标出球门线和中线。红色浮标标出双方球门前的 2 米线，黄色浮标标记 4 米线，绿色浮标标记 7 米线。

（5）处罚区

红色的处罚区位于泳池的两端，在球门线后面，距离正对竞赛官员席的池角大约 2 米。球员进入该区即意味着该球员离开了竞赛区，被罚球员在处罚区等待重新进场竞赛的信号。

（6）球门线

①标记

场地的两端必须用明显的标记表示出球门线，从球门线算起的 2 米、4 米线及与两球门线等距离的中线，这些标记必须在竞赛时，自始至终能一目了然。

②颜色

这些标记采用下列统一的颜色：球门线各线为白色，从球门线算起的 2 米线为红色，4 米线为黄色。

（7）入场处

在监门员一侧，或没有监门员在计时员对面一侧，场角 2 米内的端线处，应有红色标记或其他颜色鲜明的标志作为判罚离场队员重新入场处。场地两端线与球门线的距离为 0.30 米。

（8）两端通道

通过场地的两端，应辟有通道，以便裁判员工作时走动，在球门线标志处，监门员的位置应留出空地。

球门

①中央

球门用一根坚固的横梁和两根门柱构成，门柱和横梁的正面为面对场地 0.075 米 ×0.075 米、涂上白色的方柱。它们应位于场地两端与球门线平行的中央。

②距离

端线和球门线之间的距离为 0.30 米。两门柱内缘间的距离为 3.00 米，水深达到或超过 1.50 米时横梁下缘距水面 0.90 米。水深不足 1.50 米时，横梁下缘距池底则应为 2.40 米。

③空间

松软的门网应牢固地罩住球门的横梁和门柱，完全封闭球门区，并固定在球门的固定物上。球门线后的球门区内范围要有大于 0.30 米的无障碍空间。

水球

①规格

球应为内有气胆的可防水圆形体，表面要求光洁，无突出缝线，有防水性能，且不得涂抹油脂或类似的物质。球的重量不少于 400 克，不大于 500 克。

②男子

竞赛用球周长不少于 0.68 米，不大于 0.71 米，充气压力 90～97 千帕。

③女子

竞赛用球周长不少于 0.65 米，不大于 0.67 米，充气压力 83～90 千帕。

水球帽

（1）颜色

水球运动员装备之一。帽子颜色应易于对比，且易于与球色对比。未经裁判员批准，不得用单一的红色球帽。裁判员可指定一队戴深蓝色帽子，另一队戴白色帽子，守门员则戴红帽子。

（2）耳罩

帽子要用长带系于颏下，并备有软性的护耳，其颜色与本队的帽色相同，但守门员的耳罩应为红色。

（3）号米

帽子两侧要有号米，号米高度为 0.10 米。守门员应戴红色球帽，为 1 号，其他队员为 2 号～13 号。替补守门员应戴守门员帽子。除裁判员允许并通知裁判台外，竞赛中不可改换球帽号米。

（4）要求

帽子必须系结于颏下，全场竞赛期间都必备戴好帽子。如帽子在竞赛中脱落，裁判员可在帽子脱落一方控球的适当时机，令其将帽子重新戴好。

水球裤

专供水球运动员穿的裤子。裤子下部有一条出水缝，表面涂有混合橡胶涂料，下水后，表面光滑，减少阻力。

泳衣

要求不能为透明，并应有单独的衬衣。

裁判旗

①工具

裁判工具长方形，面积 0.35 米 ×0.20 米。裁判用旗为蓝、白色各一面，分别套在 0.70 米的同一根旗杆的两端，为场上裁判员使用。

②用旗

监门员用旗为红、白色各一面，旗杆长 0.50 米，为监门员使用。竞赛前，监门员督促队员站好。

③信号

一名记录员应备有白色和蓝色小旗各一面，以便向罚出场队员发出再次入场的信号。另一名记录应备有一面红旗，用以发出 3 次个人严重犯规的信号。

3. 水球运动技术

专项技术

（1）起游

①用途

起游在水球竞赛中极为重要，在竞赛开始时的争夺中线球，进攻转为防守或防守转为进攻以摆脱紧逼时所采用。

②动作

游时的准备姿势是：身体俯卧水面，抬头，两腿做蛙泳收腿，两臂弯曲，做划水准备；起游时，两腿做短促的侧泳蹬水，蹬水的两腿还未完全伸直时，两臂做自由泳划水。

（2）急停

①用途

根据竞赛时的战术需要，促使运动员在快速游动中突然停下的技术。

②动作

该动作在起动时，前伸的左臂入水后应立即停止滑行。右手不再向后划水，两臂迅速向侧分开，并用力向前推水，同时做蛙泳的收腿动作，抬上体，以制止身体因惯性而继续向前滑行。

（3）转身

①用途

运动员在竞赛时，以摆脱对方而争取有利位置进行进攻或防守的技术，利用原地转身或游动中转身 90 度和 180 度，可迅速改变游动方向。

②动作

转身时要求两腿下压，上体抬高，用一手伸出水面向侧摆动，另一手则在水下做与转身方向相反的有力推水，以腰部力量带动上体转动方向，在转身 90 度时用力要小，转身 180 度时用力要大。转身又可分正面转身和反身转身两种。正面转身是用同侧手臂向转身方向摆动；反身转身则用另一侧手臂朝转身方向摆动，快速而又协调地完成转身动作。

（4）跃起

①用途

守门员和其他队员广泛运用的一种基本技术，以跃起接取本方的高球和截获对方的高球，进攻时也可用它来完成拨球和拍击高处的来球。

②动作

技术要求是抬头，肩部露出水面，两臂弯曲做"8"字形的横向拨水以支撑身体，两腿做蛙泳收缩，利用手臂做向下压水和两腿猛力向下蹬夹的动作，挺身并使上体迅速跃起，跃起后两腿继续迅速踩水，以保持上体在空中的时间。

运球技术

（1）概念

运球是指队员两手在交替划水游动时，借胸前激起的水浪推球前进，便于传球和射门。

（2）要求

运球技术要求运动员躯干成弓形并抬头，两臂入水时的距离要比自由泳划臂略宽而屈，划水动作要短而快，将球控制在自己的胸前，有利于直线运动，在运球时，两腿要用力打水，头部在左右转动进行呼吸，同时观察场上情况。

举球技术

举球是传球和射门的前提，运用广泛，其技术可分为以下几点。

（1）水底举球

水底举球指手伸向球底，掌心向上，五指分开贴位球底的中心举球。

（2）水面举球

水面举球指手伸出水面，五指分开，掌心朝下并按住球的上部即中心点，手向外旋转180度。掌心由原来的向下动作变为向上，随后屈前臂将球举起。

（3）按压举球

按压举球是以举球的一手伸出水面，借球在水上的浮力，用手按压，使之反弹，由掌心向上将球托住。

（4）卡球举球

卡球举球是以举球的一臂伸出水面，五指分开，掌心朝下，屈腕关节，把球卡在手和小前臂的前端之间。

（5）手指抓球

手指抓球要求手指尽量分开，掌心向下，用手指将球抓起。

接球技术

（1）概念

接球是指用单手的手指和手腕动作控制球，在球未落在水面上时将球接住。

（2）动作

①跃起

接球技术是以一手举起并伸向来球的方向迎球，另一手向下压水，使身体向上跃起。

②触球

接球时五指自然分开，先以大拇指、中指、食指接触球，随后是无名指和小指触球，当球触手后，手应随着来球的冲力向后引球，五指紧贴住球把球接住。

③摆动

当来球力量小时，可用手腕和小臂随来球的惯性向后摆动即可。

④托住

接球后，大臂抬高与肩平行，小臂后屈于肩上将球托住。

传球技术

（1）概念

传球又称掷球，有直线传球。大抛物线传球和小抛物线传球。直线传球适用于短距离射门和传递，大抛物线传球适用于高吊和长传，小抛物线传球可在原地游动，游动或跃起在空中时采用。

（2）正面传球

正面传球有原地正面传球、游动正面传球和运球过程中的正面传球。

①原地举球传球

原地正面举球传球，在传球之前，运动员上体接近垂直，略前倾，两腿做蛙泳的收蹬腿技术以支撑身体，左手接近水面并伸向左前方，右手放在球上。举球时，用右手轻轻按球，上臂以肩关节为轴，手以腕关节为轴向后绕 180 度，把球拉向后方并高于肩。传球时，以大臂带动小臂和手腕加速向前挥动，掌心向着球的中心点用力，并用手指加以控制传球方向。

②游动举球传球

游动正面举球传球，当球没有在自己手中控制的情况下，如本方队员将球传在前面 3 米左右时，应快速向前游动，两臂加速划水，两腿用力打水以接近于球，当要触球时，左臂入水后不再做划的动作，而是用力向下压水使身体上升，两腿由原来的自由泳打水变为蛙泳收腿，右臂屈肘前伸，以手掌按住球的上部，随后将球举起后摆，进行正面传球。

③运球举球传球

运球正面举球传球，在运球时，如本方队员取得有利的进攻位置时，应立即在游动中把球传出或为摆脱对方的防守后将球运向对方的球门，进行举球射门。该技术可采用按压或抓球举球的动作进行举球传球。传球时，向后摆臂的力量大小要根据本方队员的位置距离来定，如距离近，传球时后摆力量要小，反之则相反。

（3）侧面传球

侧面传球是指在较短距离不做转体情况下将球传给侧面的队员。如右手进行侧传，应先以按压举球的方法，屈臂完成举球的动作，随后大臂与肩齐平，小臂向上弯屈使手指尽量接近肩部，身体略向左侧倾斜，左臂向下压水，两腿做蛙泳的踩水动作以支撑身体，随后以大臂带动小臂和手腕加速挥动传球。

（4）推球传球

推球传球是指在瞬时情况下，运动员为不中断游泳而进行进攻或突破对方防守时所采用的这一技术，由于该技术动作较为突然，因而能使运动员获得较大的成功率。它有游动正面推球传球和运球托球推球两种。

①游动推球传球

当球在面前 3 米左右时，运动员应迅速向前游近，在接近球时，两腿加速打水，左臂向下压水以支撑上体，右臂划水后在水中提出，大臂和小臂屈成近 90 度，手向球移近，五指分开，用手掌在球的后部将球向前下方按压，利用球在水中的反弹力将球控制在手指上，随即手掌内旋，拇指向下掌心向前并抬肘，利用游动时的惯性，迅速伸直右臂和手指将球推出前方，推球时要求屏气。

②运球托球推球

运动员以右臂前伸入水，伸向左侧球底，同时翻掌用手指将球托起，身体略向右侧卧。当左臂屈肘提出水面前伸时，右手托球刚离开水面，左手伸向球的后部，恰好在水面上，利用惯性的力量的屈肘伸臂的动作进行推球。

（5）拨球传球

拨球传球是在原地或短距离的游动中所进行的一种传球。这种传球的优点在于不减低竞赛速度就能将球传出。拨球传球有原地正面拨球传球、运球正面拨球传球和游动反手拨球传球三种。

①原地拨球传球

原地正面拨球传球，当球传在运动员身前约 1 米左右时，该运动员应成右侧卧向球游进，右臂前伸至球的右侧下方，五指分开用掌心紧贴于球，臂稍弯曲并略靠左，左手向后划水使身体向前倾斜，两腿做侧泳打水。右臂以小臂摆动和手腕的力量迅速把球传出。

②运球拨球传球

运动员在运球拨球时，右臂入水后不再做划水的动作，而是向前伸，臂稍屈，肘略向左摆，以手掌贴位球的右侧下方，上体略向右倾，最后以大臂带动小臂进行挥动，将球向左侧拨动传出。

③游动拨球传球

游动反手拨球传球，当球距离运动员不到一米时，该运动员在右臂结束最后一次划水时，应提出水面伸向球去，手指分开并贴住球的上方将球下压，利用反弹之力，将手臂内旋，肘向上并稍屈臂，左手继续划水，两腿用力打水以维持身体上升。拨球时，上体向左前下方倾斜，右臂伸直并将手腕外旋。拇指朝下，手将通过球的中心点加速传出。

（6）仰卧传球

仰卧传球是指进攻者背向对方球门游动或由于防守队员的紧盯而不能向后传球时所采用的独特技术。该技术弥补了向后传球不准的缺点，同时视线不受阻碍，由于仰卧时两腿前伸，使防守队员不易上前抱球或封球。它有原地仰卧传球和运球仰卧传球两种。

①原地仰卧传球

运动员在进行仰卧传球前，身体成起游准备姿势，随后身体前跃，以右手伸向球底把球举起，同时左臂向左侧用力划水，协助身体向左转180度成仰卧，接着右臂屈肘提出水面，左臂撑水。传球时肩部前移，以大臂带动小臂加速向前挥动，利用手腕控制球的力量和方向将球传出。

②运球仰卧传球

进攻者在左边运球进攻，而防守队员却在身体右侧紧跟，为了摆脱之际，则采用运球仰卧传球。该技术要求运球者将球略拨向左边，随后立即成仰卧姿势，持球后，收腹抬头观察场情，然后将球传出。

（7）反手传球

反手向后传球是指进攻者将球传给背后的本方队员或进攻者在背向对方球门时，突然地进行射门。由于射门时间短促、突然，增加了防守者的困难。该技术有原地向后传球和原地接球向后传球两种。

①原地向后传球

运动员先成原地游泳姿势，当球在面前时，左臂前伸撑水，上体略向左倾，右手持球，以手腕内旋使大拇指朝下，掌心对着传球的方向并稍稍高水，上体迅速向后转体，传球时将臂伸直，通过手腕的力量加快传球速度。

②接球向后传球

运动员接球后手臂稍弯屈以降低来球速度，同时手腕内旋，上体略向左前倾。当手随球降低到与肩平行时，借向后转体的动作伸直手臂将球传出。

（8）转体传球

①动作组成

接球转体传球是指运动员在背向对方球门或本方队员站立并接到空中球时所采用的技术，它由接球、转身180度和传球3个动作衔接而成。

②动作姿势

当运动员上体向右侧转时，右手接球，左臂前伸向下压水，随后眼睛注视所需要的传球方向，使右臂向着传球方向做后摆动，在上体稍稍后仰时将球传出。

射门技术

射门近似于传球，它包括勾手射门、空中接球转身射门、反手向后射门和运球投球射门等几种技术。这些射门技术可根据战术需要，灵活运用。

（1）勾手射门

①组成

勾手射门有正面勾手射门和磁勾手射门两种。

②动作

是以右手向后或向侧伸出将球托起，左手压水，两腿剪水抬高上体，最后以右臂弧形摆动将球射出。

（2）转身射门

①概念

空中接球转身射门。

②动作

是跃起接住高球，迅速转身并注视射门机会，利用转体时的惯性带动摆臂和手腕对准投射目标射门。

（3）反手射门

①组成

反手向后射门是指背向对方球门时做出突然性的射门。它有原地反手向前射门、运球反手向后射门、空中接球反手射门等几种。

②动作

是利用身体迅速向后转动并带动摆臂，当手掌对着投射目标时，通过手腕用力将球射出。

（4）拨球射门

①组成

运球拨球射门是指在对方球门前 4 米左右横游时所采用的射门技术。它有正面拨球射门、反手拨球射门两种。

②动作

是借身体游动时的向前速度，用左（右）手从水上前伸并插入球的侧面，以掌心贴球，小臂、手腕突然挥摆，进行拨球射门。

守门技术

守门员技术大致可分支撑、起跳、挡球和站位。

（1）支撑

指两脚做轮换踩水，上臂贴近身体，小管与手压水，准备对方射门。

（2）起跳

当对方球射出后，两脚突然向下做蛙式蹬腿，使身体跃起。

（3）挡球

身体跃起后，展开双臂，挡住来球，在触球的一瞬间，小臂内旋，并控制球落在本人面前。

（4）站位

守门员要根据对方射手的情况来决定自己的站位，一般正对远射时站位应向前一些，有利于封角。守死角时，身体离球门柱不得大于一个球的直径。

运动战术

水球战术可分进攻战术、防守战术和守门员战术。进攻是为了得分，争得竞赛的胜利。而防守是为了不失分，争取进攻机会，两者紧密相连，守门员既是防守者，又是各种进攻战术的配合者和指挥者，对整个竞赛起着极为重要的作用。

（1）反击进攻

①反击

反击战术是由第一传和接应组成。第一传是反击时的关键，一般要求队员传球快，以完全超越对方的优势将球传给本方队员，使本方取得主动权进入进攻战术的配合。

②接应

接应则要根据场上队员所处的情况的位置来定。如守门员接球时，中场队员没有良好的切入机会，应回游接应或沿边线接应。如当后卫得球时，前锋应尽量做到接应，随时准备沿边线回游。

（2）水球掩护

①用途

是针对全场紧逼盯人、传任意球或角球时所采用的特殊的进攻方式，它有定位掩护和行进间掩护两种，在竞赛中两者可交替使用。

②动作

在运用掩护术时，一般要求掩护者根据场上情况，选择合适的掩护时间，使其身体位置处于两防守者之间，以便挡住去路，而被掩护的本方队员在关于观察场情进行移位，摆脱对方的防守。掩护时，动作要突然；在掩护前可先做一次切入、过人、射门或传球等假动作，以便掩护成功。

（3）阵地进攻

①用途

当对方退守至门前做区域联防时，在门区附近进行射门很受阻碍，如采用阵地进攻战术就较为合适，它能通过快速传球，促使守门员经常改变位置，伺机进行中距离射门。

②动作

当后控制球时，两边锋交叉切入，造成对方的心理压力，迫使对方缩小防守区域，外围见机后进行中距离射门，如利用边锋控制球时，外围队员应并肩切入，利用行进间的掩护进行接球射门。

（4）联防进攻

当对方摆好区域联防时，进攻者应集中全力移向一方，造成另一方的空隙，随后由外围队员切入空档，接球射门。

（5）全场紧逼

全场紧逼盯人防守，是指上场队员各自主动盯住对方一名队员紧逼防守，使对方难以施展技术，采用这一战术，要求队员协同互助，配合密切，才能有效地对付任何进攻战术，打乱对方的战术意图。

（6）半场紧逼

半场紧逼盯人防守，一般是在本方队员体力较差的情况下所采用，该战术要求放松对前场的防守，加强后场的集体防守，当对方进入后场时应立即予以紧逼，使对方不能轻易地传接球，破坏对方的进攻意识。

（7）区域防守

①重点

区域防守战术的防守重点是在本方球门前中央范围的危险区。

②站位

该战术要求防守者协调一致，积极主动地堵截对方的切入和传球，其站位形式有 3：3 和 1：2：1：2 两种。

（8）定位中锋

①概念

定位中锋是以不越位为前提，将中锋的位置基本固定在对方球门前 2 米禁线前，牵制对方后卫，使对方球门受到威胁。

②动作

本方外围队员则可伺机传给 2 米禁线前的中锋射门。

③要求

中锋队员身材高大、体力好、技术们熟。

（9）以少防多

规则规定，当一个防守队员严重犯规时，即被罚出场 45 秒，这时就形成五防六等少防多的情况，一般是采用 3：2 的站位形式。

（10）守门员

①作用

守门员是一个队的最后一道防线，他的位置一般站在球门柱分角线和球门线相交的地方。如对方进攻队员进入 4 米区进行射门时，守门员应向前移动，这样便可缩小对方射门的角度，并且容易阻挡对方的来球。

②要求

在竞赛中，守门员要及时、准确地判断对方的战术意图，迅速改变自己的位置。

运动阵式

（1）2—2—2阵式

①阵形

又称"二前锋二中卫二后卫制"，水球运动阵形之一。竞赛中，场上除守门员外，形成二前锋、二中卫、二后卫的布局。中卫对组织和配合全队的攻防具有中坚作用。进攻时中卫助攻，形成4个前锋。防守时，中卫退守，形成4个后卫。

②特点

这种阵式人员分布均衡，攻防兼顾，机动性大，便于进行各种战术配合，及时组织进攻和防守。以增强进攻能力或防守能力。

③动作

在竞赛时，中场队员接到后卫传来的球，再传给2米前后的前锋。前锋可射门，也可向边上拉开，待中场队员突破后，立即快传给突破同伴；使之接球射门。

（2）3—3阵式

①阵形

又称"三前锋三后卫制"，水球运动阵形之一。竞赛时场上除守门员外，前、后场各形成两个三角形阵式。

②形式

可分为两种攻守形式：前锋、后卫都成前三角时，有利于防守。形成后三角时，有利于进攻。当对方防守较弱，可采用后三角阵式。

③动作

用这种阵式，要求后卫速度快，战术意识强，前锋灵活，技术全面；同时要加强中卫活动，控制中场，防止前锋与后卫脱节。当对方防守能力较强时，可采用前三角阵式，用这种阵式要求前锋灵活地利用外拉内进的位置变化，打乱对方的防守，然后伺机进攻。

（3）4—2进攻

①阵形

水球阵形之一，指进攻中摆出4名前锋2名后卫的布局。目的是在得分区充分利用进攻潜力，要求前锋在连续进攻中控制住球，并不断寻找射门机会，使防守者始终处于紧张状态。

②特点

这种阵式还用于控制拖延战术。4名前锋在紧逼防守下不断游动，自如地控球，以避免在门前被逼死或回缩夹抢造成的失误。

③要求

这种阵式适合于无突出的高大中锋，而队员有较好的体力和较强控球能力的球队。

技术名词

（1）干传

也称"不落水传球"，水球传球方法的一种，指将球直接传入接球者手中。球传出后接球者不等球落水时就将球接住。随后即可进行传球或射门。可使接球者在出球前，省略从水中重新起球的时间。

（2）上抛起球

水球技术名词。以一手伸向水下部球的底部，利用指尖将球挑起，高于水面不到1米，再用另一只手将球接住，随后将球传出或射门。

（3）反手传球

水球传球技术之一。指利用反手将球侧向或背向传出。竞赛时背向或侧向传球目标，持球臂内旋，使掌心朝传球方向，利用大臂带动小臂或用小臂和手腕的力量将球传出。

（4）反手射门

水球运动技术名词，射门动作之一。有原地反手向后射门、运球反手向后射门、空中接球反手射门等技术。利用身体急速向后转动，带动手臂挥摆，当手学对着投射目标，手腕用力把球射出。这种射门动作急促突然，难以防守。射门时要准确判断球门的方位，以手腕控制球的方向同时，两腿用力蹬水使身体升高。

（5）水下起球

水球基本技术之一，一种隐蔽的举球方式。起球时五指自然分开，掌心朝上，伸向球的底部中点，以五指稍用力抓住球。小臂内旋，屈臂将球举起，控制在稍高于耳部的投掷位置上，以利于传球或射门。

（6）区域防守

水球运动战术之一，也称联防。指在球门前一带易被对方射门得分的险区，每个防守队员负责一个小区域，组成一个有效的集体防守阵式，彼此呼应，互相支援。其站位方式有半月形、梅花形、三三形等多在队员体力和速度较差或以少防多时采用。

（7）占位

水球战术之一，指队员运用各种水下动作占据有利位置。如中锋进攻到对方门前，背向球门位于对方后卫的前面，张开两臂把后卫挡在身后或者在水下抓住其游泳裤的前面。而后卫为了有效防守，常趁中锋不注意时抢占到中锋的侧面或前面。

（8）回缩

水球防守战术之一，是外围防守队员退回协助防御中锋的后卫进行防守的战术行动。当后卫一个人的力量不能对付中锋时，离中锋最近的外围防守队员从自己的对手处退回配合后卫，形成对中锋二夹一的防守。

（9）扫射

水球运动技术名词，射门动作之一，是背向球门射门的方法，在离球门2米～4米处射门最好。准备射门时，要用持球一边的肩膀，对着前来阻拦的对方队员上身前倾，另一手在水中托住球，身体突然向上跃起，上体转动，以腰部发力带动手臂横扫射门，用手腕控制好出球的方向。由于动作突然，手臂伸直，力度较大，故守门员较难有效阻拦。

（10）吊射

水球运动技术名词射门动作之一。指进攻者运用假动作，吸引守门员，破坏其站位平衡，然后弧形掷球越过对方守门员头顶上方入门，射门位置多在球门两侧。吊射的球速虽然较慢，但带有弧形，常使守门员扑救不及，球的弧度必须适中。要以守门员无法拦接而又可落入球门为宜。

（11）紧逼

也称会场人盯人防守水球运动战术之一。当一方进攻时，另一方场上每一队员各自主动盯住对方一名队员，紧逼防守各尽其职，使对方难以施展技术造成压力，并迫使对方出现差错，是一种积极有效的防守战术。能有效对付任何进攻战术，打乱对方战术意图造成进攻失误。这一战术要求队员具有良好的体力和速度，密切配合，协同一致，避免出现漏洞。

（12）运球

水球运动技术名词，基本动作之一。用两手交替划水游动，球位于头前借胸前激起的水浪拦住球前进。多用抬头爬泳身体成反弓形，以便观察场上情况待机进行配合。主要用于持球队员突破防守后，快速将球运向球门常与传球、射门动作连用。

（13）掩护

水球进攻战术之一。指几名进攻队员利用交叉游进，进行配合射门。射手必须准确地在配合队员脚后交叉而过，向右侧游过去。传球在场地的右侧，故适用于擅长左手射门的队员。

（14）运球变向

水球基本技术之一。运球中需要改变方向时，按压起球，根据转体方向，将球移至前进的路线上。起球时向自己的胸部收腿，同时，不持球的手向转身的方向用力拨水，转体结束后，用剪式夹腿起游，转入爬泳姿势，运球前进。

（15）约旦攻击

水球进攻战术之一。是借鉴篮球竞赛中利用对方罚球失误进行快攻的一种战术，因由约旦人首先采用，故名。当攻方罚 4 米直接任意球时，守方必须有一名队员站在罚球手的边上，如果罚球手附近还有攻方队员，其内线位置也必须有防守队员。等罚球出手，这两名防守队员必须立即移位到对手和球门之间，防止球重新弹回攻方手中。此时，守门员或守方任何一队员得到球，便立即将球传到前场，中场的队员及时在边线附近做钩形摆脱，接应后场传球，再将球传到门前的摆脱者。这一系列动作要尽可能快，使罚球一方防范不及。

（16）水面抓起

水球运动技术名词。把球由水下或水面抓起来的方法。五指张开，伸向球的顶部，利用五指直接将球从水中抓住举到头边，为传球或射门作好准备。这种抓球方式要求运动员手大指长。此外还有手自球下撩或挥的抓球法和使球滚动的抓球法。

（17）低头运球

水球运球技术之一。为加快运球速度，可采用低头快速游进，以头的顶部推动球前进。游进时在水下睁眼以便观察。这种运球方式只能在摆脱了对手，距离对方球门还有一定距离，又不需要传球时使用。

（18）补位

水球防守战术之一。指防守队员放弃暂时无威胁的对手，帮助队友防守有威胁的对手。当进攻一方有人突破，并逼近球门时，防守人员根据场上情况，放弃原来所盯的、威胁较小的对手，及时去防守突破者，直至队友同伴赶上该突破者，再重新去盯原来的对手。

（19）挤位

水球个人战术之一。游进中，运用划水动作，挤迫对手向一侧游动。当对方的手入水时，自己靠对方的一手也立即入水，并向侧后方划水，从而使自己成斜线游进，使对方被挤迫向边上的一侧游进。如果对方继续向前游进，手就会搁在自己的头或肩上构成犯规。进攻者与防守者均可运用这种战术。

（20）拨球

水球运动技术名词，基本动作之一。指运用小臂及手腕力量将球拨动传出，是一种近距离快速传球方式。分为原地拨球、游动拨球，又可分为正面拨球、反面拨球。运用手腕拨动来球，以迅速传球或射门。常用于受对方紧逼，无法举球传递时。

（21）急停

水球运动术语。指为配合战术需要运用制动技术使身体由快速的游动状态转入停止状态。急停时，前伸入水的一臂改划水为掌心向前的推水动作，接着向后划水的臂也改为掌心向前推水的动作。同时两腿收至腹前转入踩水动作，上体抬起，使身体直立，以制止身体继续向前滑行，达到急停的目的。急停技术常与转身、传球、接球、射门等技术结合使用。

（22）突破

水球个人进攻技术之一。指进攻者把防守者甩在后面，使自己处于领先地位。当进攻者切入成功，或在反击过程中，反击者快速推进，暂时摆脱了防守者，均为突破。

（23）封挡

水球防守技术之一。指防守者运用手臂封锁阻挡持球者的掷球。当一名右手持球的进攻者由背向控球的姿势变为仰卧姿势准备掷球时，防守者用右手抓住对方的右手腕，臂去挡进攻者的射门角度，这叫抓手封挡。当进攻队员准备射门时，防守者以一手按压对方的胸部，举起另一手臂去封射门角度，称为按胸封挡。

（24）起游

水球运动专门游泳技术之一。指运用快速起动技术使身由静止状态转入游动状态。起游前身体俯卧水面，抬头，两腿做蛙游收腿，两臂弯屈，做划水准备。起动时两腿做侧泳蹬剪动作，两臂做爬式划水，接着两腿转入爬泳打腿。在竞赛开始的抢中线球，或在急进、急退摆脱对方紧逼时，快速的起游可取得主动权。

（25）按球

水球运动技术名词，基本动作之一。指用单手和手指和手腕动作接住同伴尚未落至水面的空中来球。要求准确判断来球方向、速度、距离，并控制好球。

恢复技巧

（1）抽筋

①原因

如果心理紧张、水太凉或待在水里时间太长，都可能抽筋。

②方法

下水前的准备活动应当充分，在水里时间别太长。一旦出现抽筋，千万不要慌乱。比方脚趾抽筋，那就马上将腿屈起，用力将足趾拉开、扳直；小腿抽筋，先吸足一口气，仰卧在水面，用手板住足趾，并使小腿用力向前伸蹬，让收缩的肌肉伸展和松弛；手指抽筋时，手握成拳头，然后用力张开，如此反复、即可解脱。

（2）呕吐

①原因

鼻子呛进脏水就会呕吐。

②方法

赶快上岸，后用手指压中脘、内关穴，如果有仁丹，也可以含上一粒。为预防肠炎，还可吃几瓣生蒜。

（3）出疹

①原因

主要皮肤过敏所致。

②方法

立即上岸。服一片息斯敏或扑尔敏，很快就会好转。

（4）头痛

①原因

可能是慢性鼻炎、呛水或身体寒冷、暂时性脑血管痉挛而引起供血不足。

②方法

这时应迅速上岸，用大拇指在头顶百会、太阳及列缺穴按揉，然后用热毛巾敷头，再喝一杯热开水，即可好转。

（5）腹胀

①原因

刚吃过饭或空腹游泳即会产生腹痛腹胀。

②方法

这时应上岸仰卧，用拇趾尖点压中院、上院或足三里、同时口服 3～5 毫升十滴水，并用热手巾敷腹部。

（6）耳鸣

①原因

可能是耳朵里灌水或鼻子呛水。

②方法

将头歪向耳朵进水的一侧，用手拉住耳垂，用同侧腿进行单足跳；手心对准耳道，用手把耳朵堵严压紧，左耳进水就把头歪向左边，然后迅速将手拔开，水即会被吸出；用消毒棉签送入耳道内将水吸出。

（7）头晕

①原因

主要原因是游泳时间过长，血液聚集于下肢，脑缺血，机体能量消耗较大身体过度疲劳。

②方法

立即上岸休息，全身保温，并适当喝些淡糖盐水。

（8）痒痛

①原因

可能是由于水不洁净引起。

②方法

上岸后应马上用清洁的淡盐水冲洗眼睛，然后用氯霉素或红霉素眼药水点眼，临睡前最好再做一下热敷。

4. 水球竞赛规则

竞赛队

（1）队员组成

每个队应由队员组成。其中 1 名守门员，并戴守门员帽子。替补队员不得超过 6 名，赛前裁判员应做检查，不许队员佩戴任何容易使对方受伤的物件。违反者不得参加竞赛。

（2）队员服装

①着装

运动员应穿游泳裤和内裤。

②限制

队员身上不得涂有油脂或其他类似物质。

③处罚

如有违反在竞赛前被发现，裁判员应令其立即去掉；如在竞赛开始后被发现，裁判员应令取消所有主场竞赛资格。

（3）替补队员

替补队员应立即在监门员一侧、场角2米内的本方球门线处入场。

（4）队长职责

①负责

队长应是上场队员，并应对本球队的良好品行和纪律负责。

②选择

竞赛开始前，双方队长应在裁判员主持下通过掷硬币选择场地或帽子的颜色，中者享有挑选权。

（5）守门员

①站立

在4节线区域内，守门员可以站立和行走，握拳出球，从池底跃起接球，两手同时触球。

②触及

守门员不得游过中线或触及中线以外的球，若有违反，将由距离最近的对方队员在犯规处发间接任意球。

③对方

守门员在本方半场内可持球射对方球门。

④示线

守门员由于扶持或推离球门、池端扶手或排水档犯规，则由对方在正对犯规地点的示线上发间接任意球。

⑤角球

守门员发间接任意球或球门球时，球出手后未经其他队员接触，而又重新持球，使球人本方球门时，应判对方发角球。

⑥球门

如在同一情况下，守门员球出手后，经过其他队员接触而又重新持球，并使球入球门时，应判为进一球；

⑦替补

竞赛时守门员由于意外事故，疾病或伤害离场时，由替补队员上场。

⑧位置

被替补出场的守门员，如再进场竞赛，可替补任何位置的队员。

赛制

①组队

水球竞赛男子 12 队，女子 6 队。

②男子

在男子组竞赛中，12 支球队分成两个组，每组 6 个队，先进行小组单循环竞赛，小组排名进入 1/4 决赛，获胜者进入半决赛，进而参加决赛和三四名决赛。

③女子

女子的竞赛先进行单循环竞赛，前 4 名进入半决赛，后两名争夺第五名。

男子赛程

男子水球竞赛包括预赛、1/4 决赛、半决赛和决赛。资格赛结束后，预赛之前将进行整个水球竞赛顺序的抽签。

（1）预赛

12 支队伍分为两组：A 组和 B 组，每组 6 支队伍。预赛采取单循环淘汰制。

（2）1/4 决赛

①进入

每个小组的前 3 名进入决赛，后 3 名参加安慰赛。

②直接

小组排名第一和第四的队伍可以直接进入下一轮竞赛。

③跨组

两个小组中的第二和第三名队伍进行跨组交叉竞赛。

④交叉

两个小组的第五和第六名队伍也进行跨组交叉竞赛。

（3）半决赛

两个小组的第五名、第六名交叉赛的负者竞赛决定第十一名和第十二名。两个小组的第四名分别与两个小组第五名、第六名交叉赛的胜者竞赛。两个小组的第一名分别与两个小组第二名、第三名交叉赛的胜者竞赛。

（4）决赛

两个小组的第四名分别与两个小组的第五名、第六名交叉赛的胜者竞赛的负者之间决定第九名、第十名，两个小组的第四名分别与两个小组第五名、第六名交叉赛的胜者竞赛的胜者之间决定第七名、第八名，两个小组第二名、第三名交叉赛的负者竞赛决定第五名和第六名，两个小组的第一名分别与两个小组第二名、第三名交叉赛的胜者竞赛的负者之间决定第三名和第四名，两个小组的第一名分别与两个小组第二名、第三名交叉赛的胜者竞赛的胜者之间决定第一名和第二名。

女子赛程

女子水球竞赛包括预赛、1/4 决赛、半决赛和决赛。奥运会女子水球资格赛结束后，进行奥运会女子水球竞赛的抽签。

（1）预赛

8 支队伍分为 2 组：A 组和 B 组，每组 4 支队伍。预赛采取单淘汰制。

（2）1/4 决赛

A 组和 B 组的第一名自动进入半决赛。两个小组第四名的队伍将进行决定第七名、第八名的竞赛。

（3）半决赛

两个小组的第二名、第三名跨组交叉竞赛的负者将进行决定第五名、第六名的较量；胜者将和预赛中的小组第一名的队伍相遇。

（4）决赛

半决赛的负者将进行决定第三名、第四名的竞赛，半决赛的胜者将决定最后的冠、亚军名次。

基本规则

（1）运动员

①人员

水球竞赛在两队之间进行，每队上场 7 人，包括守门员 1 人。

②换人

场外替补队员6人，任何一方得分或每节开始竞赛前均可换人。

③触球

除守门员外，任何人不得用双手触球。

（2）竞赛时间

①竞赛

竞赛时间为28分钟，分4节进行，每节7分钟，死球时停表。

②休息

第一节和第二节、第三节和第四节竞赛之间休息2分钟；第二节和第三节之间休息5分钟。

③实际

由于竞赛中经常出现违例或犯规，竞赛常常中断。通常一场竞赛要持续65分钟～70分钟。

（3）开球

①位置

每节竞赛开始，队员必须在本方球门线之后排成单行。队员之间的距离1米，靠近球门柱的队员离球门柱的距离不得少于1米。两球门柱之间不得超过2人。裁判员使对方队员准备妥当后即鸣哨，随即将球掷入球场中线。

②漂浮

水球放在场地中线一个特制的浮标上，当竞赛双方都就位后，裁判一声哨响，浮标缩回，水球开始在水面上漂浮，竞赛开始了。

③规定

当球离开发球队员的手时，竞赛即算开始。开球不合规定者应重新开球。每节竞赛开始，各队在本方球门线后排成单行。队员露出水面的身体任何部分不得超过本方球门线。在中线开球时，队员露出水面的任何部分不得超过中线。

（4）竞赛

竞赛开始时，所有球员必须靠近底线。在球证的哨子响起后，双方便以全力游去拿在池中央的球。得了控球权后，必须向对方游进。

173

（5）进攻

进攻方有 *35* 秒时间射门，球员射门时若球的整体越过了两个球门柱之间的连线，就算射门得分。球员只要不握拳击球，在竞赛场地的任何地方都可射门。如果 *35* 秒内没有形成一次射门，则由对方发球或掷边线球，自己一方开始防守。

（6）得分

竞赛时，球的整体穿过球门线进入球门内，并符合下列情况，即为得一分。

①超过

竞赛中，一方控球时间不得超过 *35* 秒。

②不慎

把球掷或投进对方龙门时，入球的队便可得一分。如守方球员不慎把球打进自己的龙门时，对方也可得一分。

③接触

在竞赛开始或重新开始时，球应至少经过两名队员的接触，就可以身体任何部分进球得分，不管接触球队员的队别和场上位置。

（7）球门球

①穿过

球穿过球门线时，裁判员应立即鸣哨。如球的整体越过球门线，但未入球门，而最后触球者是进攻队队员，则判守方守门员发球门球，守门员掷球门球可在球门区内任一地方。

②重掷

掷球门球不合规定，应重掷。

③离场

守门员离场时，另一名队员必须在禁区内任一地方掷球。

（8）角球

①穿过

球穿过球门线时，裁判员应立即鸣哨。如球的整体越过球门线，但未入球门，而最后触球者为守方队员，应由攻方队员在球出界一侧，*2* 米线标志处掷角球。

②限制

执行角球时，任何队员不得进入2米线，守方守门员除外。如守门员已离场，该队的任一队员可在球门线上就位，但不行使守门员权利，也不受守门员规则限制。

③持球

守门员掷间接任意球或球门球时，如使球离手未经其他队员接触而重新持球，并使球的整体穿过本方球门线入门时，就判对方掷角球。

④重掷

掷角球不合规定，应重掷。掷角球时，其他队员位于2米线内，也应重掷。

⑤接触

一队员掷间接任意球，如收球传给本方守门员，传出的球未经其他队员接触而直接入门或穿过球门线，就判对方掷角球。

（9）换人

①次数

竞赛中途换人是时常出现的，大多是在某队得分后、节与节中间和某球员被处罚严重犯规的时候，而换人是不限次数的。

②进场

换人时，被换出的运动员必须游入出场区，然后被换入的运动员才可经出场区进场。

③暂停

每支球队只可在竞赛中要求3次暂停。

④犯规

竞赛进行中，队员不得离场或站在扶梯上或池边，除非休息时间、发生疾病或意外事故的情况下或者经裁判员允许后。违反上述规则为犯规。已离场的队员经裁判员允许后，可在本方球门线离监门员最近处再次进场竞赛。

⑤犯规

在出现意外事故或疾病的情况下，裁判员可酌情暂停竞赛，但时间不得超过3分钟。同时裁判员应指令计时员开始计3分钟的中断时间。如队员因任何伤病而要求退出竞赛，裁判员可允许立即由其他队员替补。只有当裁判员认为要求不合理时才予以拒绝。这样退场的队员任何时候都不允许犯规进场竞赛。

⑥替补

在下列情况下可以替补：符合有关入场规定、两节之间的休息时间、进球开始前。但是按规则被罚离场的队员不得作为替补队员。

（10）发球

当中锋在进占球门前的位置时，身体接触是在所难免的。裁判吹哨子示意犯规时，一只手会指向犯规的位置，另一只手则指向发球方进攻的方向，球员可随即发球，不用等裁判再吹哨子示意，这与其他球类运动不一样。

（11）裁判掷球

①机会

当对方的各一名或多名队员同时犯规致使裁判员无法分辨犯规先后时，裁判员应将球要回，再掷入水中，使双方队员在接触及水面后有同等机会获球。

②立掷

在2米区域内判罚的裁判球，都应在2米线上正对犯规地立掷。

③重新

裁判员掷球出手后，认为双方获球机会不均等时应重新掷球。

（12）间接任意球

①小旗

裁判员应鸣哨宣布犯规，并举与掷间接任意球的一方帽色相同的小旗。

②地点

在两米线区域内，防守队员的一般犯规应由对方在正对犯规地点2米线上掷球。除此球从球门线处掷出之外，都在犯规地点掷间接任意球。由于疾病、事故或另一些意外原因停止竞赛，当竞赛再开始时，原占有球队在原地点掷间接任意球。

③负责

把球捡回掷间接任意球，应由本方队员负责，对方没有责任。但任何队员都不得故意把球掷开以阻止竞赛的正常进行。判给守门员的间接任意球应由守门员本人掷。

④位置

球离掷间接任意球队员之手，即为竞赛开始，在此同时允许有队员改变位置。

⑤接触

在任何情况下，间接任意球、角球或裁判球，必须经两人以上队员接触后，进球得分才有效。

⑥有效

执行间接任意球、角球、球门球、裁判球或直接任意球时，在球掷出前，如非控球一方故意妨碍发球，推（蹬）对方，或严重犯规，应判犯规者离场。罚离场时间为 35 秒或进一球或进攻队失去控球为止，三者取时间最短者，原判的掷球有效。

⑦犯规

如控球一方的队员同样犯规，则应由对方掷间接任意球，并记犯规队员个人犯规一次。如双方队员同时犯规，则判双方犯规对员离场地 35 秒或至进一球或进攻队失去控制球为止，三者取时间最短者，原判的掷球有效。

（13）直接任意球

①通知

如在本区 4 米线禁区内有犯规行为者，必须判罚直接任意球，同时，裁判员将犯规队员的号米通知记录员。

②位置

只有当犯规极其严重，以致非命令其离场取消竞赛资格不可时，才罚犯规队员离场，并判罚直接任意球。掷直接任意球时，可由攻方任一队员，守门员除外，在 4 米线上任何位置执行。

③持球

掷球队员必须先持球，然后根据裁判员哨声和旗号从垂直位置降至水平位置，立即射门。

④连续

球从球门柱或横木弹回，仍继续进行竞赛，此时球可不必经过其他队员接触，就可射门得分。掷球者掷球开始时，可将球从水面举起，或收球举在手上。准备向前射门时，允许将球从球门方向向后移，但必须是不停顿的连续运动。

⑤停留

在掷直接任意球时，其他队员或规则允许的队员外，不得停留在4米禁区内，并与掷球者相距2米以外。

⑥限制

守门员应位于球门线上任何位置，裁判员认可后，才发出罚球的信号。守门员露出水面的身体任何部分不得超过球门线。如守方守门员被罚出场时，该队伍一队员可在罚球前位于球门线代替，但不行使守门员权利，也不受守门员规则限制。

⑦违例

队员应按上述规定掷直接任意球，违例时，由最近的对方队员掷间接任意球。妨碍执行直接任意球者，或违反规则者，取消竞赛资格，并重新执行直接任意球。

⑧离场

在裁判员判罚直接任意球的同时或掷球前，计时员鸣哨宣布一节终了或全场到时，应允许射门，当球从球门柱、横木弹回场内或被守门员挡回，即成死球。按此规则执行罚球时，所有队员，除守门员和掷球队员外，均应离场。

（14）球出界

①边线

队员将球掷出边线以外时，应由距离出界处最近的对方队员在球出界处掷间接任意球。球从球门线与2米线之间的边线出界，应在球出界一边的2米线标记处掷间接任意球。

②弹回

如球碰击或搁在场地上空障碍物时，应视为球出界，裁判员宣布竞赛暂停并掷裁判球。在这种情况下，当球触及水面后才开始竞赛。如球从球门网或横木或从水面的场地边界弹回时，仍为处于竞赛状态。如球从水面以上的场地边界弹回时，则以球出界论。

（15）新规则

①限制

新规则对进攻方的射门时间进行了限制。每次射门必须在30秒内完成，如果在30秒内进攻方没有形成一次射门，则由对方发球或掷边线球，自己一方开始防守。

②调节

这些新规则对于缩小两队之间的差距，增加竞赛的激烈程度起到了一定的调节作用。

5. 水球运动裁判

裁判人员

（1）基本组成

①组成

水球运动工作人员应由裁判员两人、监门员两人和计时员、记录员若干人组成。

②人员

在所有其他竞赛中，最少应有记录和计时员各1人，以及裁判员2人，或裁判员1人、监门员2人。在需要时，计时员、记录员可各配若干名助手。

（2）裁判员职责

①控制

裁判员应完全控制整个竞赛。在整场竞赛过程中，队员尚未离场前，裁判员有权监督竞赛进行。

②裁决

每名裁判员应用响亮的哨声宣布竞赛开始或竞赛重新开始，判定得分、球门球、角球和各种犯规。竞赛中裁判员根据规定对有争议的事实作出的裁决是决定性的，必须服从。

③改变

每个裁判员都可以根据自己的判断，在认为处罚的结果反使犯规队有利时，可不判罚。裁判员作出的判定尚未执行时，可改变其判定。

④命令

裁判员根据有关规则条文，有权命令任何队员离场。此命令下达而该队员拒绝离场时，应下令竞赛暂停。如认为队员或观众的行为或其他情况迫使竞赛无法正常进行时，裁判员可在任何时间停止竞赛。如竞赛必须停止，裁判员应将情况报告上级。

（3）计时员职责

①计算

计时员应根据规则按表计算各实际竞赛时间和两节之间的休息时间。计算被判罚离场队员的判罚时间。计算每队连续控制球的时间。计算35秒时，计时员在球离开射门队员的手或当另一队开始控球时和球出界再次进入竞赛状态时，应重新计时。

②进入

在发间接任意球、球门球、角球或直接任意球时，球离掷球者手或争裁判球时，一名队员触球，即为进入竞赛状态。

③报时

每节竞赛终了，计时员应鸣哨，其哨声应立即生效。在全场竞赛的最后1分钟和决胜期的最后1分钟，应大声报时。

（4）监门员职责

①离职

在只有一名裁判员时，监门员必须位于裁判员的对岸。在整场竞赛中，始终位于球门线的延长线上，不得离职。

②进入

监门员举白旗表示球门球，举红旗表示角球，两旗并举表示进一球，举红旗表示被罚离场的队员不按规定进入场内。

③备用

监门员应备有足够数量的备用球，当竞赛用球飞出场外时，应掷入备用球。当原用球出界成球门球时，监门员就将备用球掷给守门员。若是角球，则把球掷给最近的进攻队员。

④就位

应向裁判员举红旗表示队员按规则在各自球门线处合法就位。

（5）记录员职责

①登记

所有队员的名单，记录得分，所有严重犯规。

②示意

在队员第三次严重犯规时，用以下一种方式示意：若一队员第三次严重犯规不属于规则时，则只举红旗表示；队员第三次严重犯规造成直接任意球时，举红旗示意并鸣哨；队员第三次严重犯规违反有关规则时，举红旗示意并鸣哨。

③掌握

掌握被罚队员离场时间，当其被罚时间结束时，举起与该队员帽色相同的小旗，以示允许他重新入场。对任何不按规定入场者，应立即鸣哨停止竞赛。

犯规及处罚

在规例中犯规有两种，一是普通犯规；二是严重犯规，球证的哨子占 90% 是因普通犯规，而如果一个球员被吹罚了 3 个严重犯规后便不能继续竞赛。

（1）普通犯规

一般犯规有下列几种情况（守门员例外）。

①超出

每节竞赛开始，在裁判员鸣哨前超出球门线者。

②扶握

扶握或推离球门柱及其他固定物者。扶持池端扶手者。在竞赛进行中扶握或推（蹬）离池端或池边者。

③行走

竞赛进行中在池底行走者。

④压球

在被争夺时压球入水者。

⑤触球

裁判员掷球入场，球尚未到水面即触球者。

⑥妨碍

故意妨碍或阻挡对方自由行动者。

⑦禁区

队员进入或逗留于对方 2 米线禁区内者。

⑧中线

守门员游过中线或触及中线的以外的球。

⑨拖延

不按规定掷直接任意球者。非法拖延执行间接任意球、球门球或角球者。

（2）严重犯规

①队员

拖持、压沉、拖拉对方未持球的队员。

②意图

踢、打对方队员，或怀有此意图做不合理动作者。

③得分

在 4 米禁区内，影响对方有可能得分的任何犯规者。

④触球

在此区域内，为了阻止对方进球而拉低球门、握拳击球或两手触球。

⑤妨碍

妨碍执行间接任意球、球门球、角球或直接任意球者。妨碍包括：故意将球踢开，影响竞赛正常进行；在球离掷者手之前，企图触球者。

⑥规定

离场队员再次入场或替补队员入场不按规定者。

（3）处罚方法

①资格

记 1 次个人严重犯规，严重犯规满 3 次者取消全场竞赛资格，进攻时不判罚离场，而判由对方掷球，防守时要罚离场 35 秒。

②控球

如控球一方的队员违反"间接任意球"规则而成第三次个人犯规，该队员继续竞赛直至下一次裁判员暂停竞赛或对方失去控球时为止。

第八章

跳水运动的竞赛与裁判

1. 跳水运动基本概况

简要介绍

（1）基本概念

跳水是一项优美的水上运动，它是从高处用各种姿势跃入水中或是从跳水器械上起跳，在空中完成一定动作姿势，并以特定动作入水的运动。

（2）基本要求

①范围

跳水运动包括实用跳水、表演跳水和竞技跳水。

②地点

跳水运动在跳水池中进行。

③高度

跳水运动员从 1 米、3 米跳板，或从 3 米、5 米、7.5 米和 10 米跳台跳水。

④要求

跳水运动要求有空中的感觉、协调、柔韧性、优美、平衡感和时间感等素质。

（3）竞技跳水

①项目

竞技跳水是一项由个人参加的竞赛项目。

②要求

跳水运动员本人由跳台或跳板腾空，运动员可以直接入水或在空中做各种难度的体操花样动作，以干净利索而优美的姿势入水。

历史发展

（1）起源

历史上的跳水曾经以谁跳得更远为竞赛标准。跳水运动的历史非常久远。人类在掌握了游泳技能之后，就开始有了简单的跳水活动。早在公元前 5 世纪，古希腊花瓶上就有描绘一群可爱的小男孩正头朝下做跳水状的图案。

中国宋朝以前就出现一种跳水运动，当时叫"水秋千"。表演者借着"秋千"使身体凌空而起，在空中完成各种动作之后，直接跳入水中。动作惊险，姿态优美，类似现代的花样跳水。这可看作是中国早期的跳水运动。

（2）发展

现代竞技跳水始于20世纪初。1900年瑞典运动员在第二届奥运会上做了精彩的跳水表演，一般公认这是最早的现代竞技跳水。1904年第三届奥运会上，男子跳水被正式列为竞赛项目。1908年正式制定了跳水竞赛规则。至1912年第五届奥运会时，增加了女子竞赛项目。

（3）现状

近代竞技跳水是随着其他欧美体育一道在20世纪初传入中国的。1979年以来，中国选手在一系列重大竞赛中取得优异成绩，现在中国、美国、俄罗斯、德国、加拿大已经被公认为世界跳水强国。

基本类别

（1）竞赛性跳水

竞赛性跳水由竞技跳水和高空跳水组成。

①竞技跳水

奥运会正式竞赛项目之一，分跳板跳水和跳台跳水。竞赛时，运动员在一端固定另一端有弹性的跳板上起跳完成跳水动作称跳板跳水，跳板距水面的高度规定为1米和3米。运动员在平直坚固的跳台上起跳完成跳水动作称跳台跳水，跳台距水面的高度规定为5米、7.5米和10米。

跳台跳水

在坚硬无弹性的平台上进行。跳台距水面高度分为5米、7.5米和10米3种，奥运会、世界锦标赛、世界杯赛限用10米跳台。跳台跳水根据起跳方向和动作结构分向前、向后、向内、反身、转体和臂立6组。竞赛时，男子要完成4个有难度系数限制的自选动作和6个无难度系数限制的自选动作，女子要完成4个有难度系数限制的自选动作和4个无难度系数限制的自选动作。每个动作的最高得分为10分，以全部动作完成后的得分总和评定成绩，总分高者名次列前。男、

女跳台跳水分别于 *1904* 年和 *1912* 年被列为奥运会竞赛项目。

跳板跳水

在一端固定，另一端有弹性的板上进行，跳板离水面的高度有 *1* 米和 *3* 米两种。跳板跳水根据起跳方向和动作结构分向前、向后、向内、反身和转体 *5* 组。竞赛时，男子要完成 *5* 个有难度系数限制的自选动作和 *6* 个无难度系数限制的自选动作，女子要完成 *5* 个有难度系数限制的自选动作和 *5* 个无难度系数限制的自选动作。每个动作的最高得分为 *10* 分，以全部动作完成后的得分总和评定名次，总分高者名次列前。男、女跳板跳水分别于 *1908* 年和 *1920* 年被列为奥运会竞赛项目。

双人跳水

两名运动员同时从跳板或跳台起跳完成跳水动作，又称"双人同步跳水"。分双人跳水个人和双人跳水团体两类竞赛项目。双人跳水个人竞赛包括 *5* 轮不同的动作，其中 *2* 轮动作的平均难度系数为 *2.0*，其余 *3* 轮动作无难度系数限制。在 *5* 轮动作中，至少有 *1* 轮动作是 *2* 人同时向前起跳，*1* 轮动作是 *2* 人同时向后起跳，*1* 轮动作是 *1* 个人向前起跳和 *1* 个人向后起跳的组合动作。双人跳水团体竞赛包括 *8* 轮动作，*4* 轮跳板跳水，其中 *2* 轮难度系数为 *2.0*，另外 *2* 轮为无难度限制系数；*4* 轮跳台跳水，其中 *2* 轮难度系数为 *2.0*，另外 *2* 轮为无难度限制系数。在跳板、跳台的各 *4* 轮竞赛中，至少有 *1* 轮动作是 *2* 人同时向前起跳，*1* 轮动作是 *2* 人同时向后起跳，*1* 轮动作是 *1* 个人向前起跳和 *1* 个人向后起跳的组合动作。

从 *2000* 年第二十七届奥运会起被列为竞赛项目，设男子 *3* 米跳板双人跳水、*10* 米跳台双人跳水，女子 *3* 米跳板双人跳水、*10* 米跳台双人跳水 *4* 个项目，共 *8* 个队参加竞赛。

②高空跳水

一种十分惊险的跳水运动。运动员从很高的悬崖上或特制的超高跳台上起跳并完成空中动作后入水。在美国，有一种高空特技跳水竞赛，特制的钢架跳台高 *48* 米，台面宽约 *70* 厘米。运动员自由选择竞赛动作，由裁判员评分，得分多者为优胜。

（2）非竞赛性跳水

非竞赛性跳水可分为实用性跳水、娱乐性跳水和表演性跳水。

①实用性跳水

以生产、军事、救护为目的而进行的跳水活动。

②娱乐性跳水

以娱乐、健身为目的而进行的跳水活动。

③表演性跳水

通常是在盛大节日或跳水竞赛结束后所举办的跳水表演。表演项目包括花样跳水、特技跳水、滑稽跳水等。为丰富表演内容，常常把竞技跳水动作作为表演高空跳水精彩一瞬的内容。在香港的海洋公园，常进行约335米的高空跳水表演。美国的跳水表演者能在3米板上反身翻腾一周后仍然落在板端，紧接着完成向前翻腾三周半表演；也可以在10米台安装的小型弹网或小型跳板上反身翻腾一周后仍落在网板上，紧接着完成向前翻腾一周半转体三周等高难动作。中国的双人跳水和定点跳水表演以配合默契著称。由中国首创的集体烟花跳水更是别具一格，引人入胜，在国际国内的表演中深受好评。

2．跳水运动设施

竞赛场地

跳水池面积为25米×25米，池深为5.4米。

基本设施

（1）跳台设施

①平台

跳台跳水在离水面10米高的坚硬无弹性的平台上进行。

②规定

10米跳台按国际泳联规定，应最少长6米，宽3米。

③覆盖

表面覆盖防滑材料。

（2）跳板设施

①板上

跳板跳水在一条离水面 3 米高的有弹性的板上进行。

②规定

3 米跳板按国际泳联规定，跳板应最少长 4.8 米，宽 0.5 米。

③覆盖

表面覆盖防滑材料。

基本装备

在进行跳水运动时，尽量选用一些比较专业的服装，这样能够让自己入水时的阻力小，运动起来更加得力。同时，还应该准备浴巾、拖鞋等基本用品。

（1）跳水服

①合身

跳水服的选择标准是合身、得体，过大和过小都不利于跳水运动的进行。

②太大

衣服太大会出现兜水的情况，不仅会使身体过度负重，还会出现更大的阻力，影响动作的进行。

③太小

衣服太小又会让自己身体感觉不舒服，影响跳水动作的优美。

（2）其他用品

其他用品主要是一些跳水必备的东西，如毛巾、浴巾、拖鞋之类。这些东西在不跳水时也是必不可少的，如上岸休息时，就需要用毛巾擦干身体，披上干净的浴巾，还要穿上拖鞋，这些既防止感冒，也防止出现意外的扎伤。

3．跳水运动技术

基本跳水技术

（1）准备姿势

①动作

双脚分开，与肩同宽，脚趾抠住跳台边缘。各就各位后，运动员做出心目中理想的出发姿势，躯干前弯，膝关节微屈，双臂垂直，掌心向后，头部抬起，臀部处于双脚正上方。膝盖弯曲至$130° \sim 140°$，身体重心尽量向前，头向下，下巴靠近胸部，眼睛看池边2米的入水点。

②感觉

运动员应感觉重心超出足掌，并能保持平衡。

③反应

然后集中聆听枪声，做迅速的反应。

（2）起跳

①动作

枪响后，运动员双臂向上、向后及向前挥动。头部低下，踝关节背屈，使膝关节向前移动。肘关节在挥臂时保持伸展，头部开始上抬，其作用有如手臂动作，将力量传给身体。手臂到达最高点，足跟提起，头部继续向上。

②感觉

身体重心超出足趾前方，身体左髋关节处继续屈曲。当手臂向下向前，膝关节及踝关节伸展，这时运动员应有所有动作都向前的感觉。向前摆手，双手并拢，头在两臂之间稍微向下，造成身体前滚。摆臂动作对于保证跳得远和动作有力是很重要的，摆臂之后应紧跟着腿部有力地蹬出动作。

（3）飞行

①动作

运动员开始吸气动作，头部及手臂的运动同时停止，双臂保持向斜下方，头部及双臂的力量转移到身体，拉伸身体向上及向外。

②推进

双腿完全伸展，踝关节弯屈，以给予身体最后的推进力量。

③空中

一旦离开池边，就要努力将身体伸展成流线型。不过在做飞行动作时，应稍微弯曲身体以获得良好的入水姿势。飞行动作应贴近水面，以$15° \sim 20°$入水。

（4）入水

①动作

当运动员接触到水，双掌保持并拢并先触水，头部入水时微微低下。腹肌收缩，膝关节及踝关节伸展，以使身体成为流线型，运动员应想象使身体伸展而不要有放松的感觉．

②水中

身体随着沉入水中，并有继续下沉的趋向。运动员这时头部微微抬起，并以双掌作为方向舵，以使身体微微向上。当运动员减至游泳速度及头部离开水面的数寸时，他应同时开始划水及打腿动作，如果下沉太深，他可多做一两次打水动作，以使身体升出水面。呼吸前的划水次数决定于运动员所游的是何种距离项目；

③姿势　手指应首先入水，头保持在伸展的两臂之间，使头顶跟着双手和双臂入水，在此阶段身体应呈流线型，不能有任何弯曲。

（5）压水花技术

①平掌　运动员的入水是一种美丽的"溅落"，压水花技术几乎是各国跳水好手的秘密武器。起初人们先验地认为，将双手合拢，呈流线型入水会阻力最小，溅起的水花也最小。据说有人在跳水中无意发现不绷直脚尖而用脚掌正对水面效果更好，于是带来了平掌撞水的压水花技术．

②揉水　从 10 米跳台入水时，瞬间速度达每秒 15 米，手部承受相当的压力，运动员在实践中创造了不同的手型组合适应不同情况。由于入水时身体在空中的旋转很难完全停止，手掌就需要正对速度的方向而不能只是平行于水面，这就是精巧微妙、"细节决定成败"的"揉水"技术。

跳台技术动作

竞技跳水动作类型繁多，从现今的国际跳水竞赛规则来看，共有 87 个不同种类的跳水动作。

（1）动作组别

跳水动作根据运动员起跳前站立的方向和起跳后身体运动的方向，分为以下 6 个级。

①第一组

面对池向前跳水。

②第二组

面对板（台）向后跳水。

③第三组

面对池反身跳水。

④第四组

面对板（台）向内跳水。

⑤第五组

转体跳水。

⑥第六组

臂立跳水（仅在跳台跳水中采用）。

（2）动作姿势

跳水动作的姿势可分直体、屈体、抱膝、翻腾兼转体的任意姿势4种。

（3）动作号米

①采用3位数

每组的跳水动作都有自己的号米数，以表示动作组别和翻腾转体的周数。例如：第一组至第四组动作的号米均采用3位数。第一个数代表动作组别；第二个数代表飞身动作，如果第二位数是"0"，则表示有飞身动作；第三个数代表翻腾周数，以"1"为半周，"2"为一周，"3"为一周半，以此类推。例如，"201"，表示第二组向后跳水翻转半周；"305"，表示第三组反身翻腾两周半；"113"，表示向前飞身翻腾一周半。

②采用4位数

第五组转体动作采用4位数。第一位数表示第五组（特指转体跳水）；第二位数表示翻腾转体的方向；第三位数表示翻腾周数；第四位数表示转体用数，计算方法同前。例如："5136"动作中，"5"表示第5组转体跳水，"1"表示用第1组向前跳水的方向完成翻腾转体，"3"表示翻腾一周半，"6"表示转体三周；"5337"动作是指第5组转体动作，采用第3组反身跳水方向完成翻腾转体，翻腾一周半，转体三周半。

③采用3位数

第六组臂立动作也采用3位数。第一位数表示第六组（特指臂立跳水）；第二位数表示臂立跳水的方向；第三位数表示翻腾周数（计算方法同上）。例如："614"动作中"6"表示第六组臂立跳水，"1"表示采用第一组向前跳水方向翻腾，"4"表示翻腾两周，"632"，是指第六组的臂立跳水动作，用反身跳水方向翻腾一周。

4．跳水运动规则

项目流程

（1）男子项目

①3米

跳板单人。

②10米

跳台单人。

③3米

跳板双人。

④10米

跳台双人。

（2）女子项目

①3米

跳板单人。

②10米

跳台单人。

③3米

跳板双人。

④10米

跳台双人。

（3）基本流程

①规定

跳水规定，竞赛必须进行预赛、半决赛和决赛。

②抽签

预赛中选手的出场顺序将在技术会议中根据计算机随机抽签决定。

③预赛

预赛中成绩最好的 *18* 名选手进入半决赛。

④进入

半决赛中成绩最好的 *12* 名选手进入决赛。

⑤分数

预赛、半决赛、决赛的成绩不相互累加，每场竞赛的分数从 *0* 分开始。

⑥顺序

在决赛中如不采用淘汰制，运动员应按总分排列名次的颠倒顺序进行竞赛。

⑦排列

在决赛中如果采用淘汰制，运动员应按预赛总得分排列名次的颠倒顺序参加下面的竞赛。

⑧决定

如出现比分相同，比分相同运动员的竞赛顺序由抽签决定。

⑨参加

如果在预赛出现列 *18* 名，或半决赛出现并列 *12* 名的选手，并列的选手可以参加下一轮竞赛。

⑩随机

双人竞赛没有预赛，直接进行决赛。决赛中共有 *8* 队选手。出场顺序由计算机随机决定。

竞赛规则

（1）基本规则

①动作

跳水的 *6* 组正式动作是向前跳水，向后跳水，反身跳水，向内跳水，转身跳水和臂立跳水。运动员入水可以用脚或头先入水，头先入水时身体必须保持垂直水面足趾伸直并拢。双臂伸过头并与身体成直线，双手并拢。

②选定

跳水竞赛规则规定，竞赛项目分为有难度系数限制的自选动作和无难度系数限制的自选动作两类。在每一个项目的竞赛中，运动员都应跳完全部竞赛动作，随后将所有竞赛的得分数累加，以得分数多者为优胜。跳水竞赛的动作必须在跳水竞赛规则的《动作难度表》中选定。

③规定

国际游泳技术委员会规定，凡是奥运会跳水竞赛和世界性跳水竞赛都必须进行预、决赛，从预赛中选出 12 名成绩最好的运动员参加决赛。决赛时必须重复预赛时的全部动作，以决赛成绩总分多者为优胜，中国也采有这一规定。

④重复

运动员的竞赛动作必须在不同组别中选出，不能重复。在跳水竞赛时，运动员选跳的每一个动作必须一次完成，不能重跳。

（2）跳板规则

跳板跳水竞赛，可在 1 米或 3 米的跳板上进行。

①女子跳板

女子跳板跳水竞赛时跳 10 个动作，其中前面 5 个动作从不同组别中选出，并受难度系数的限制，所以称为有难度系数限制的自选动作，其难度系数总和不超过 95，简称规定动作；后面 5 个动作也从不同组别中选出，因不受难度系数限制，所以称为无难度系数限制的自选动作。

②男子跳板

男子跳板跳水竞赛跳 11 个动作，其中前面 5 个动作从不同组别中选出有难度系数限制的自选动作，其难度系数总和不超过 95；后面 6 个无难度系数限制的自选动作中，5 个动作选自不同组别，剩余的 1 个动作可选自任何组别。

（3）跳台规则

跳台跳水竞赛可在 5 米、7.5 米和 10 米跳台上进行。

①女子跳台

女子跳台跳水竞赛时跳 8 个动作，其中前面 4 个有难度系数限制的自选动作，选自不同组别，其难度系数总和不超过 74；后面 4 个无难度系数限制的自选动作，同样选自不同组别。

②男子跳台

男子跳台跳水竞赛时跳 10 个动作，其中前面 4 个从不同组别中选出有难度系数限制的自选动作，其难度系数总和不得超过 76；后面 6 个无难度系数限制的自选动作，分别从 6 个组别中选出。

（4）双人跳水规则

①评分

双人跳水又叫"同步跳水"，比原来只有单人项目的竞赛日程增加了一倍。也就是传统的男子、女子 10 米跳台和 3 米跳板 4 个个人单项将重复为双人项目，裁判员将对个人和双人项目分别进行评分。

②要求

竞赛时由两名运动员同时从跳板或跳台起跳进行竞赛，主要看双人跳水的一致性和各自完成动作的质量。竞赛中包括 5 轮不同动作，至少有一轮动作是两人同时向前起跳；至少有一轮动作是两人同时向后起跳；至少有一轮动作是一个人向前起跳和一个人向后起跳。双人跳水竞赛运动员要完成一系列的跳跃空中旋转翻腾动作，根据动作的技巧和优美程度打分，最高得分为 10 分。由 9 名裁判打分，其中 4 人评定个人技术分，另 5 人则根据双人跳的高度、离开台板的距离、旋转速度和入水效果等评判同步分。

难度系数

（1）难度系数规律

①确定数值

动作难度系数是表明运动员完成动作的难易程度。国际跳水竞赛规则为每一个跳水动作确定了相应的难度系数，它根据动作组别、竞赛项目、器械高度、动作姿势和翻腾转体的周数等方面的差异来确定其数值。

②确定原则

运动员跳水时，动作简单，难度系数就低；动作复杂，难度系数就高。例如：*3 米板 103 乙*，难度系数为 *16*；*10 米台 307 丙*，难度系数为 *34*。

③难度区别

对于同一动作，因器械高度不同，难度系数也有区别。例如，同是 *405 丙*，*1 米板*的难度系数为 *30*，*3 米板*的难度系数为 *27*。

④最高难度

国际跳水竞赛规则难度表上列出的最高难度动作是 *3 米板 109 丙*和 *307 丙*及 *10 米台 109 丙*，难度系数均为 *35*。

（2）跳板难度规定

①规定动作

跳板跳水竞赛，可在 *1 米*或 *3 米*的跳板上进行。女子跳板跳水竞赛时跳 *10* 个动作，其中前面 *5* 个动作从不同组别中选出，并受难度系数的限制，所以称为有难度系数限制的自选动作，其难度系数总和不超过 *95*，简称规定动作。

②自选动作

后面 *5* 个动作也从不同组别中选出，因不受难度系数限制，所以称为无难度系数限制的自选动作，简称自选动作。男子跳板跳水竞赛跳 *11* 个动作，其中前面 *5* 个动作从不同组别中选出有难度系数限制的自选动作，其难度系数总和不超过 *95*。

③任何组别

后面 *6* 个无难度系数限制的自选动作中，*5* 个动作选自不同组别，剩余的 *1* 个动作可选自任何组别。

（3）跳台难度规定

①女子

跳台跳水竞赛可在 *5 米*、*7.5 米*和 *10 米*跳台上进行，但是在奥运会、世界锦标赛和世界杯赛及国内重要的跳水竞赛中，只限在 *10 米*跳台。女子跳台跳水竞赛时跳 *8* 个动作，其中前面 *4* 个有难度系数限制的自选动作，选自不同组别，其难度系数总和不超过 *74*。

②男子

后面 *4* 个无难度系数限制的自选动作，同样选自不同组别。男子跳台跳水竞赛时跳 10 个动作，其中前面 4 个从不同组别中选出有难度系数限制的自选动作，其难度系数总和不得超过 76；后面 6 个无难度系数限制的自选动作，分别从 6 个组别中选出。

（4）双人跳水难度

①个人赛

双人跳水个人竞赛包括 5 轮不同的动作，其中 2 轮动作的平均难度系数为 2.0，其余 3 轮动作无难度系数限制。在 5 轮动作中，至少有 1 轮动作是 2 人同时向前起跳，1 轮动作是 2 人同时向后起跳，1 轮动作是 1 个人向前起跳和 1 个人向后起跳的组合动作。

②团体赛

双人跳水团体竞赛包括 8 轮动作，4 轮跳板跳水，其中 2 轮难度系数为 2.0，另外 2 轮为无难度限制系数；4 轮跳台跳水，其中 2 轮难度系数为 2.0，另外 2 轮为无难度限制系数。在跳板、跳台的各 4 轮竞赛中，至少有 1 轮动作是 2 人同时向前起跳，1 轮动作是 2 人同时向后起跳，1 轮动作是 1 个人向前起跳和 1 个人向后起跳的组合动作。

裁判评分

（1）基本要求

跳水竞赛的评分裁判有 7 人制和 5 人制两种，国际国内重要竞赛时，必须有 7 名裁判员评分，其他一般竞赛可由 5 名裁判员评分。跳水竞赛满分为 10 分，可用 0.5 分给分。

（2）评分标准

①评判时，裁判员按以下标准评分。

失败：0 分。

不好：0.5 ～ 2 分。

普通：2.5 ～ 4.5 分。

较好：5 ～ 6 分。

很好：6.5 ～ 8 分。

最好：8.5 ～ 10 分。

②助跑

在竞赛中，裁判员根据运动员的助跑、起跳、空中动作和入水动作来评定分数。因此，运动员在竞赛时助跑应平稳，起跳要果断有力，起跳角度要恰当，并具有一定高度。

③空中

空中姿势优美，翻腾、转体快速。

④入水

入水时身体与水面垂直，水花越小越好。

（3）5名裁判员评分

5名裁判员打出分数以后，先删去最高和最低的无效分，余下3名裁判员的分数之和乘以运动员所跳动作的难度系数，便得出该动作的实得分。

（4）7名裁判员评分

方法与5名裁判员评分方法相似，7名裁判员打出分数以后，先删去2个最高分和2个最低分的无效分，余下3名裁判员的分数之和乘以运动员所跳动作的难度系数，便得出该动作的实得分。

（5）最后得分

①总分

竞赛结束后，把所跳动作的实得分相加，便是该运动员的总分，总分最高者为优胜。

②名次

如两人或两人以上总分相等，则名次相同。

③全能

在设有全能项目的竞赛中，将运动员跳板动作总分与跳台动作总分相加，就是全能总分。

注意事项

（1）注意体重

①控制体重

跳水属于一种技巧性很强的项目，为了取得生物力学上的优势，使动作的难度更高，完成得更轻松和姿态更优美，通常需要减轻和控制自身体重。单纯控制体重应以缓慢的能量负平衡为主，减少的身体成分应尽量是脂肪。

②膳食干预

最新的研究认为，通过膳食的个体化干预同时配合使用减体重系列食品，如魔芋食品、复合电解质补充剂和复合能量冲剂等使用，可以显著减轻饥饿造成的心理压力和机体代谢的紊乱，同时在减控体重过程中保证快速有效地为肌肉提供充足的能源和水分，从而保证运动员以最佳状态进入训练和竞赛。

（2）防止意外

跳水是一项受人喜爱的体育活动。然而，初学跳水者若是跳水时不注意安全，很容易发生颈椎损伤事故，造成严重后果，甚至导致死亡。

①颈椎损伤

颈椎损伤主要是指颈椎骨折和脱位、半脱位，局部以第五六颈椎骨折及脱位多见，骨折时常常并发脊髓损伤，临床上表现为四肢瘫痪。据一些医院的统计，其并发脊髓损伤率可达 50% 左右，外伤性截瘫能恢复者不足半数，死亡率也较高，可达 15%～20%，如系完全性截瘫，死亡率则更高。

②发生原因

跳水时发生颈椎损伤大多是跳水不得法所致。例如，从出发台跳出时蹬台无力或入水点太近，或蹬台时髋关节未伸直，或入水角度太大或入水时撞击在游泳者的身上等。此外，游泳池水太浅也是原因之一。如果是在江河湖泊中跳水，河底太浅或水中有木桩、石块等障碍物则是造成颈椎损伤的主要原因。每逢夏季，跳水的人头撞击到河底或障碍物时，引起头颈部扭曲而造成颈椎骨折与脱位的事故时有发生。

③采取方法

为了防止颈椎损伤事故，对初学跳水者，首先要加强安全教育，强调跳水及入水的技术要领，不可在浅水游泳池或在未摸清水底情况的江河湖泊中跳水；训练跳水前的准备活动一定要充分，必须将四肢、腰背、头颈、关节充分活动开。另外，在下水救人或急于打捞落水物品时，应采取双足踏水的姿势，不要采取头低足高的鱼跃姿势入水。

（3）学会急救

①注意头部

在抢救颈椎损伤的患者时，救护人员要沉着，在救护过程中要尽量把住患者的头部，不能任其摆动，也不要让头颈过曲或过伸，更不能随意进行按摩，以防损伤神经。

②急救方法

应把患者平放在地上，如呼吸困难必须立即清除口腔内容物，保持呼吸道通畅，并施以人工呼吸等急救处理。搬运颈椎损伤患者应选用木板担架，采用滚动方式把患者慢慢滚到板上，并应有人用双手把住患者的下颌和颈部，略加牵强，保持颈椎既不过伸也不过曲的位置。

（4）跳台起步

①稳步起步

跳水运动员都是从跳台项目起步，练到相当高的水平，又具有出色的身体条件，才可以改练跳板。

②偏向跳台

跳台是固定的，容易出成绩，而且小运动员由于身材矮小，在空中的翻转半径也小，对完成高难动作非常有利，所以跳台项目通常是小运动员的天下。

③慎重跳板

而随着年龄的增长，运动员的身躯增长，体重增加，再练跳台就会受到一定的限制。但身高、体重的增加，正符合跳板运动的要求，因为跳板是靠板的反弹决定起跳高度，具有一定的身高体重，才能压得住板，并弹得更高。所以，跳板项目上很少有小运动员出现。跳板运动员多由跳台转型过来，但并不是所有的跳台运动员都能转到跳板。